Classiques Bordas

La Farce de maître Pathelin

...rection de
PIERRE SERVET

Édition présentée par
CATHERINE CROISY-NAQUET
Professeur à l'université Charles-de-Gaulle Lille III

Traduction de
CATHERINE CROISY-NAQUET

www.universdeslettres.com

Voir « **LE TEXTE ET SES IMAGES** » p. 82
pour l'exploitation de l'iconographie de ce dossier.

1 ■ *Marchand de drap*, miniature du XIIe siècle.
(Bibliothèque nationale de France, Paris.)

COMMERCE ET JUSTICE

2. La Justice du seigneur, miniature du XVe siècle.
(Bibliothèque nationale de France, Paris.)

3. Jacques Gaisi (LE DRAPIER) et Jacqueline Guenin (GUILLEMETTE) dans la mise en scène de Jean-Claude Martin, théâtre Fontaine, 1984.

4. Jacques Gaisi (LE DRAPIER) dans la mise en scène de Jean-Claude Martin, théâtre Fontaine, 1984.

5. André Faure Mayol (PATHELIN) et Bernard Bireaud (LE BERGER) dans la mise en scène de Jean-Claude Martin, théâtre Fontaine, 1984.

6. Jacques Gaisi (LE DRAPIER), Jean-Guillaume Le Dantec (LE JUGE), André Faure Mayol (PATHELIN) et Bernard Bireaud (LE BERGER) dans la mise en scène de Jean-Claude Martin, théâtre Fontaine, 1984.

7. Bernard Bireaud (LE BERGER), Mayol André Faure (PATHELIN) et Jean-Guillaume Le Dantec (LE JUGE) dans la mise en scène de Jean-Claude Martin, théâtre Fontaine, 1984.

L'ARROSEUR ARROSÉ

8. Louis Lumière, l'*Arroseur arrosé*, 1895.

REGARDS SUR L'ŒUVRE

LIRE AUJOURD'HUI *LA FARCE DE MAÎTRE PATHELIN*

Qu'on s'en réjouisse ou qu'on le déplore, tromper autrui fait partie de la nature humaine. Il y a là, au théâtre comme au cinéma, une réserve inépuisable de situations tragiques ou comiques. Il existe même un genre, en vogue au Moyen Âge : les farces, « véritables machines à rire » dont le ressort essentiel est de « farcer » l'autre, de le duper et de lui imposer sa loi, au besoin par des coups de bâton.

La Farce de maître Pathelin ne déroge pas à la règle. Et pourtant, elle occupe une place à part dans la tradition comique du XVe siècle, car l'auteur y apporte de nombreux changements : il invente une intrigue à double rebondissement – Pathelin trompe un drapier et se voit lui-même trompé par un berger ; il choisit avec habileté des ruses où les jeux du langage jouent le rôle principal ; il travaille le comique des dialogues ; enfin, sans donner de morale définitive, il met savamment en scène un univers peuplé de menteurs dont sort vainqueur un idiot qui se révèle encore plus malin que son maître.

Pourquoi ce comique, qui tient à sa façon décalée et originale de traiter l'univers de la farce, nous séduit-il ? C'est parce que la manière de traiter la tromperie fait toujours mouche. En évitant les grosses ficelles du comique, en travaillant le caractère des personnages et en dévoilant les multiples facettes du langage, l'auteur donne à la farce des objectifs durables : faire rire, certes, mais aussi faire réfléchir ; montrer que le monde est plus complexe qu'on ne le pense ; prouver que le langage ne reflète pas forcément la vérité mais qu'il est nourri de feintes. En ce sens, le dramaturge représente les interrogations qui hantent le XVe siècle : guerre de Cent Ans, incertitudes sociales, troubles politiques, perte de repères...

Aujourd'hui, ces interrogations restent d'actualité. Et il n'est pas surprenant que la pièce, libre de ton et fertile en moyens, inspire toujours les hommes de théâtre : certains y voient une farce, d'autres la première comédie classique, d'autres encore une attaque en règle contre la société. Riche de ces significations multiples, *La Farce de maître Pathelin*, à plus d'un titre énigmatique, demeure le chef-d'œuvre comique du Moyen Âge et annonce les plus grands auteurs, au premier rang desquels, bien sûr, Molière.

REPÈRES

L'AUTEUR : anonyme.

COMPOSITION : vers 1460.

ÉDITION de *Maistre Pierre Pathelin*, à Lyon, chez Guillaume Le Roy : 1486.

LE GENRE : pièce de théâtre profane pour tout public, jouée en tout lieu : en plein air, sur la place du marché, dans la cour d'un hôtel, dans les cabarets ou les collèges ; appartient au genre de la farce, dont c'est alors la grande vogue. Mais la pièce correspond-elle au modèle habituel de la farce ?

LE CONTEXTE : fin de la guerre de Cent Ans ; règne de Louis XI, roi rusé, peu intéressé par les valeurs chevaleresques mais très attentif au développement économique du pays ; opposition de la France à la Bourgogne, finalement vaincue en 1477.

Invention de l'imprimerie par Gutenberg : le premier livre produit avec des caractères mobiles en plomb est imprimé à Mayence en 1454 ; la première imprimerie française est installée à Paris en 1470. Après 1450, grande vogue des farces, des sotties (farces de caractère satirique représentant différents personnages du peuple des sots), des monologues et des moralités (pièces édifiantes qui mettent en scène des idées : le bien, le mal…).

LA PIÈCE

• **Forme et structure :** pièce de 1600 vers écrite en moyen français, avec des points de rupture tous les 500 vers environ ; divisée ici par commodité en trois actes.

• **Lieu et temps :** dans une ville (Paris ?), à l'époque où l'auteur écrit la pièce.

• **Personnages :** Pathelin, avocat rusé dans le besoin ; Guillemette, son épouse ; Guillaume Joceaulme, marchand

Maistre Pierre Pathelin en son naturel,
gravure tirée de l'édition de 1464.
(Musée Condé, Chantilly.)

d'étoffes avisé et peu scrupuleux ; Thibaut l'Agnelet, berger moins stupide qu'il n'y paraît ; le juge.

• **Intrigue(s) :** Pathelin est dans la misère : comment acquérir, auprès du drapier, de l'étoffe sans rien payer ? Le berger a volé son maître, le drapier, qui l'exploite : comment se défendre contre ses accusations ? Pourquoi entrelacer ces deux intrigues ? Qui sort vainqueur de la pièce ?

LES ENJEUX

• Une œuvre atypique du XVe siècle, qui dépasse les cadres habituels de la farce.

• Farce et comédie : la parole en action ; les ambiguïtés du rire ; justice et morale.

• Des héros complexes : les jeux de masques ; être et dire ; le triomphe des simples.

He dea, ſ'il ne pleut, il degoute.
Aumoins auray ie vne eſpinoche,
I'auray de luy ſi chet en coche
Vng eſcu, ou deux pour ma peine

Sire dieu vous doint bonne eſtreine
& ce que voſtre cueur deſire.

* Le iuge.

Vous ſoyez le bien venu ſire,
Or vous couurez, ſa prenez place,

* Pathelin

Le Jugement, gravure tirée de l'édition de 1464.
(Musée Condé, Chantilly.)

La Farce de maître Pathelin

pièce anonyme

Les personnages

Maître Pierre Pathelin	*avocat*
Guillemette	*femme de Pathelin*
Guillaume Joceaulme	*drapier*
Thibaut l'Agnelet	*berger*
Le juge	

La pièce ne présente pas, à l'origine, de découpage en actes et en scènes et se déroule sans interruption du début à la fin. Mais trois séquences se distinguent nettement et peuvent, pour la commodité de la lecture, correspondre à trois actes découpés en scènes selon le déplacement des personnages.

La pièce ne comporte pas non plus d'informations sur le décor ou le costume des acteurs. On sait simplement que les spectateurs voyaient simultanément plusieurs lieux à la fois, sommairement représentés : ici, l'intérieur de la maison du couple, la boutique du marchand, puis la salle du procès.

La pièce ne donne que deux didascalies : « Maître Pierre commence », « Pathelin, en comptant sur ses doigts », dans l'acte premier, scène 1. Les autres ont été ajoutées dans le cadre de cette traduction.*

* Les mots suivis d'un astérisque sont définis p. 147-148.

ACTE PREMIER

Le décor : d'un côté, la maison de Pathelin ;
de l'autre, l'étal[1] du drapier.

SCÈNE PREMIÈRE. PATHELIN, GUILLEMETTE.

MAÎTRE PIERRE *commence.* Sainte Marie, Guillemette, malgré la peine que je mets à chaparder[2] et à ramasser, nous ne pouvons rien amasser. Pourtant j'ai connu un temps où je plaidais.

GUILLEMETTE. Par Notre Dame qu'on invoque chez les avocats, j'y songeais ; mais on ne vous tient plus pour aussi habile qu'on en avait l'habitude. J'ai connu une époque où chacun voulait vous avoir pour gagner son procès. Maintenant, on vous appelle partout « l'avocat sans cause[3] ».

PATHELIN. Je ne le dis pas pour me vanter, mais il n'y a pas dans la juridiction où nous tenons notre audience[4] d'homme plus habile que moi, à part le maire.

GUILLEMETTE. C'est qu'il a lu le grimoire[5] et qu'il a été longtemps aux études.

PATHELIN. À qui croyez-vous que je n'expédie son affaire, si je veux m'y mettre ? Et pourtant, je n'ai jamais appris à lire que bien peu ; mais j'ose me vanter que je sais aussi bien chanter au lutrin[6] avec notre prêtre que si j'avais été à l'école aussi longtemps que Charlemagne en Espagne[7].

---

1. **Étal :** table où l'on expose les marchandises sur un marché.
2. **Chaparder :** voler de petites choses.
3. **Sans cause :** sans client à défendre.
4. **La juridiction où nous tenons notre audience :** le territoire où nous pouvons exercer notre métier d'avocat.
5. **Grimoire** est d'abord une prononciation populaire de « grammaire », qui désigne la « grammaire latine » ; d'où le sens de « livre d'instruction ». Mais comme la grammaire était écrite en latin, langue étrangère pour beaucoup, ce mot a pris le sens de « livre qu'on ne comprend pas », puis celui de « livre de sorcellerie ». Ici, Guillemette joue sur les différents sens du mot.
6. **Lutrin :** pupitre sur lequel on place les livres de chant à l'église.
7. Dans la *Chanson de Roland*, il est dit que Charlemagne a combattu les Sarrasins en Espagne durant sept ans.

GUILLEMETTE. Et qu'est-ce qu'on y gagne ? Pas un clou. Nous mourons tout simplement de faim ; nos vêtements sont usés jusqu'à la corde, et nous avons bien du mal à savoir comment nous pourrions en avoir. À quoi nous sert donc votre science ?

PATHELIN. Taisez-vous ! Par ma conscience, si je veux faire travailler mon esprit, je saurai bien où en trouver, des vêtements et des chaperons[1] ! S'il plaît à Dieu, nous nous tirerons d'affaire et nous retomberons bientôt sur nos pieds. Diable, en moins d'un instant, Dieu fait des miracles ! S'il faut que je m'applique à montrer mes talents, on ne saura trouver mon égal.

GUILLEMETTE. Par saint Jacques… Certainement pas dans l'art de tromper : vous y êtes passé maître.

PATHELIN. Par ce Dieu qui me fit naître, plutôt dans l'art de bien plaider !

GUILLEMETTE. Non, par ma foi, dans l'art de tromper ! Je m'en rends bien compte, puisque, à vrai dire, sans instruction et sans bon sens, vous passez pour l'un des plus malins de toute la paroisse !

PATHELIN. Il n'y a personne qui s'y connaisse aussi bien dans l'art de plaider.

GUILLEMETTE. Par Dieu, non, plutôt dans l'art de tromper ! Du moins vous en avez la réputation.

PATHELIN. C'est aussi la réputation de ceux qui sont vêtus de beau velours et de riche satin, qui se disent avocats et qui pourtant ne le sont pas. Mais laissons-là ce bavardage ; je veux aller à la foire.

GUILLEMETTE. À la foire ?

PATHELIN. Par saint Jean, oui vraiment, à la foire, gentille acheteuse. Vous déplaît-il que j'achète de l'étoffe ou quelque autre bagatelle utile pour notre ménage ? Nous n'avons pas d'habit qui vaille.

---

1. **Chaperons :** capuchons.

GUILLEMETTE. Vous n'avez ni denier ni maille[1] : qu'allez-vous faire là-bas ?

PATHELIN. Vous n'y connaissez rien, belle dame ! Si vous n'avez pas largement d'étoffe pour nous deux, alors traitez-moi carrément de menteur. Quelle couleur vous semble la plus belle ? Un gris-vert, une brunette[2] ou une autre ? Il faut que je le sache.

GUILLEMETTE. Celle que vous pourrez avoir. Lorsqu'on emprunte, on ne choisit pas.

PATHELIN, *en comptant sur ses doigts.* Pour vous, deux aunes[3] et demi, et pour moi trois et même quatre ; ce qui fait…

GUILLEMETTE. Vous comptez large. Qui diable vous en fera crédit ?

PATHELIN. Que vous importe qui le fera ? On me les donnera vraiment à crédit, et je les paierai au jour du Jugement dernier, car ce ne sera certainement pas avant.

GUILLEMETTE. Allez-y, mon ami ! De cette façon, il y aura bien quelqu'un de dupé.

PATHELIN. J'achèterai ou du gris ou du vert, et, pour une chemise, Guillemette, il me faut les trois quarts d'une aune de brunette, ou même une aune.

GUILLEMETTE. Dieu m'aide, oui, vraiment ! Allez, n'oubliez pas de boire, si vous trouvez Martin Garant[4] !

PATHELIN, *s'éloignant.* Gardez bien la maison.

GUILLEMETTE. Hé Dieu ! Quel acheteur ! Plût à Dieu qu'il n'y vît goutte ![5]

1. **Denier** et **maille :** les plus petites pièces de monnaie de l'époque. Deux mailles font un denier.
2. **Brunette :** étoffe de très bonne qualité, souvent en fine laine d'un bleu très foncé, tandis que le **gris-vert** est un tissu moins raffiné.
3. **Aune :** mesure qui vaut environ 1,20 m.
4. Personnage inventé ; celui qui se porte garant d'un emprunt.
5. On peut se demander ici si le pronom **il** représente Pathelin ou sa future victime.

SITUER

Maître Pathelin et sa femme Guillemette entrent en scène. Qui sont-ils ? Quels éléments de l'action et de la situation se mettent en place ?

RÉFLÉCHIR

DRAMATURGIE : une scène d'exposition*

1. Quelles informations indispensables l'auteur nous livre-t-il sur l'intrigue ?
2. Comment permettent-elles de structurer la première scène ?
3. Quel est le thème principal qui s'en dégage ? Quels mots l'évoquent ?

PERSONNAGES : le trompeur et sa future complice

4. Quels sont les traits de caractère qui, dès cette première scène, définissent Pathelin ?
5. Quels liens l'unissent à Guillemette ? Que révèlent les réactions de Guillemette sur son propre caractère ?

SOCIÉTÉ : images du Moyen Âge

6. Où se situe l'action ? Quels sont les éléments qui nous aident à imaginer une époque aujourd'hui révolue ?
7. Après avoir observé le vocabulaire employé, précisez la profession de Pathelin et les conditions dans lesquelles il la pratique.

REGISTRES ET TONALITÉS : railleries

8. Étudiez l'enchaînement des répliques à travers les correspondances qui s'établissent de l'une à l'autre.
9. Sur quels tons se déroule ce premier échange ? Que révèlent, de la part de l'auteur, les fréquentes allusions à la religion ?

ÉCRIRE

10. Vous êtes metteur en scène* et vous décidez de monter la pièce. Imaginez les indications scéniques permettant aux acteurs de représenter cette première scène.

SCÈNE 2. PATHELIN, GUILLAUME LE DRAPIER.

PATHELIN, *à part, devant l'étal du drapier.* N'est-ce pas lui là-bas ? Je me le demande. Mais si, c'est lui, par sainte Marie ! Il s'occupe de vendre de l'étoffe. *(s'adressant au drapier)* Dieu soit avec vous !

GUILLAUME JOCEAULME, *drapier.* Dieu vous donne joie !

PATHELIN. Par Dieu, je vous assure que j'avais grande envie de vous voir. Comment va la santé ? Êtes-vous en pleine forme, Guillaume ?

LE DRAPIER. Oui, par Dieu !

PATHELIN. Votre main, s'il vous plaît ! *(Pathelin lui prend la main.)* Comment ça va ?

LE DRAPIER. Bien, vraiment bien, pour vous servir. Et vous ?

PATHELIN. Par saint Pierre l'apôtre, comme un homme qui vous est tout dévoué. Alors, la vie est agréable ?

LE DRAPIER. Eh bien oui. Mais quand on est marchand, croyez-moi, tout ne va pas toujours comme on voudrait.

PATHELIN. Comment va le commerce ? Est-ce qu'il nourrit son homme ?

LE DRAPIER. Par Dieu, mon cher maître, je ne sais pas ; c'est toujours : « hue, en avant ![1] ».

PATHELIN. Ah ! Votre père, quel homme savant c'était ! Que Dieu ait son âme ! Douce Mère de Dieu, à mon avis, c'est certain, c'est vous, tout à fait vous ! Que c'était un bon marchand, et avisé ! Vous lui ressemblez de visage, par Dieu, c'est tout son portrait. Si jamais Dieu eut pitié d'une créature, qu'il accorde un entier pardon à son âme !

LE DRAPIER. Amen, par sa grâce, et à nous aussi, quand il lui plaira[2] !

1. Manière de ne pas répondre avec précision. Nous dirions : « On fait aller ».
2. … de nous accueillir auprès de lui, à l'heure de notre mort.

PATHELIN. Par ma foi, il m'a prédit maintes fois, et bien en détail, le temps qu'on vit à présent ; bien des fois, je m'en suis souvenu. Et, depuis cette époque, on le tenait pour l'un des hommes de bien.

LE DRAPIER. Asseyez-vous, cher monsieur ! Il est bien temps de vous le dire, mais c'est ainsi que je suis poli.

PATHELIN. Je suis bien. Par le précieux corps de Jésus-Christ, il avait…

LE DRAPIER. Allez, vous allez vous asseoir.

PATHELIN. Volontiers. Ah, que vous verrez, me disait-il, de grandes merveilles ! Par Dieu, je vous jure que, pour les oreilles, le nez, la bouche et les yeux, jamais un enfant ne ressembla plus à son père ! Et la fossette au menton[1] ! Vraiment, c'est tout à fait votre portrait, et si quelqu'un disait à votre mère que vous n'étiez pas le fils de votre père, il aurait grande envie de chercher la dispute. Sans faute, je ne puis m'imaginer comment Nature, en ses œuvres, forma deux visages si semblables, l'un et l'autre avec les mêmes traits. Car quoi ! Si l'on vous avait crachés tous les deux contre le mur, même allure, même contenance, on ne verrait aucune différence entre vous. Au fait, monsieur, la bonne Laurence, votre belle tante, est-elle morte ?

LE DRAPIER. Non, diable !

PATHELIN. Je l'ai connue si belle, si grande et si droite, et si aimable ! Par la très sainte Mère de Dieu, vous lui ressemblez par le maintien, comme si l'on vous avait sculpté dans la neige ; dans ce pays, il n'y a pas, à mon avis, de famille où les gens se ressemblent autant. Plus je vous vois… Dieu, par le Père *(en le fixant de l'œil)*, quand on vous voit, on voit votre père : vous vous ressemblez comme deux gouttes d'eau, je n'en doute pas un instant. Quelle heureuse nature c'était, le brave homme ! Et il vendait à crédit ses marchandises à qui les voulait ! Que Dieu lui pardonne ! Il avait l'habitude de rire avec moi de si bon cœur ! Plût à Jésus-Christ que la pire

1. Au Moyen Âge, la fossette est un trait habituel de la beauté féminine.

crapule de ce monde lui ressemble ! On ne volerait pas, on ne pillerait pas comme on le fait. Que cette étoffe-ci est bien faite, qu'elle est soyeuse, douce et souple ! *(Pathelin touche une pièce de drap.)*

LE DRAPIER. Je l'ai fait faire tout exprès avec la laine de mes bêtes.

PATHELIN. Eh bien ! Quel homme avisé vous êtes ! Vous êtes bien le fils de votre père ! Vous n'arrêtez jamais de travailler !

LE DRAPIER. Que voulez-vous ? Il faut travailler ferme si l'on veut vivre, et se donner de la peine.

PATHELIN, *touchant une autre pièce* : Celle-ci est-elle teinte avant d'être tissée[1] ? Elle est solide comme un cuir de Cordoue[2].

LE DRAPIER. C'est une très bonne étoffe de Rouen[3], je vous le garantis, et bien tissée.

PATHELIN. Oui, vraiment, me voici bien attrapé, car je n'avais pas l'intention, en venant, d'acheter d'étoffe, par la Passion de Notre Seigneur[4]. J'avais mis de côté quatre-vingts écus[5] pour racheter une rente[6], mais vous en aurez vingt ou trente, je le vois bien, car sa couleur me plaît tant que j'en ai mal.

LE DRAPIER. Des écus, vraiment ? Se pourrait-il que ceux à qui vous devez racheter cette rente acceptent de la monnaie ?[7]

PATHELIN. Mais bien sûr, si je voulais : pour moi, en matière de paiement, tout se vaut. *(Pathelin palpe une étoffe.)* Quelle

1. On teint la laine avant de la tisser.
2. Ville d'Espagne réputée pour son travail du cuir.
3. Ville de Normandie bien connue pour la finesse de ses étoffes.
4. Formule de serment qui évoque la souffrance du Christ sur la croix.
5. **Écus :** pièces d'or qui équivalent chacune à trois cents deniers.
6. **Rente :** somme d'argent placée qui rapporte chaque année des intérêts.
7. La monnaie risquant de perdre rapidement de la valeur (dévaluation), les marchands préfèrent le paiement en écus (en or), plus sûr et meilleur.

étoffe est-ce là ? Vraiment, plus je la vois et plus j'en suis fou. Bref, il faut que je m'en fasse une cotte[1], et ma femme aussi.

LE DRAPIER. Vraiment, l'étoffe est aussi chère que la crème ! Vous en aurez si vous voulez : dix ou vingt francs y passent si vite.

PATHELIN. Peu m'importe ; c'est votre prix ! J'ai encore quelques petites pièces que mon père et ma mère n'ont jamais vues.

LE DRAPIER. Dieu en soit loué ! Par saint Pierre, ça ne me déplairait pas du tout.

PATHELIN. Bref, je suis fou de cette pièce d'étoffe ; il faut que j'en aie.

LE DRAPIER. Eh bien ! Il faut d'abord calculer combien vous en voulez. Tout est à votre disposition, tout ce qu'il y a dans la pile, même si vous n'aviez pas un sou.

PATHELIN. Je le sais bien, grand merci !

LE DRAPIER. Voulez-vous de cette étoffe bleu clair ?

PATHELIN. Allons ! Combien me coûtera la première aune ? Dieu sera payé en premier, c'est normal : voici un denier. Ne faisons rien sans invoquer le nom de Dieu[2].

LE DRAPIER. Par Dieu, vous parlez en honnête homme et vous m'en voyez tout heureux. Voulez-vous un prix sans marchandage ?

PATHELIN. Oui.

LE DRAPIER. Chaque aune vous coûtera vingt-quatre sous.

PATHELIN. Ah non ! Vingt-quatre sous ? Sainte Dame !

LE DRAPIER. C'est ce qu'il m'a coûté, par mon âme ! C'est ce qu'il m'en faut, si vous la prenez.

---

1. **Cotte :** vêtement de dessous, semblable à une robe, porté par les femmes et les hommes.
2. Traditionnellement, avant de commencer ou de conclure un marché, le client donne une petite pièce, le « denier à Dieu », au bénéfice d'une œuvre de bienfaisance ou d'un ordre religieux.

PATHELIN. Diable, c'est trop.

LE DRAPIER. Ah ! Vous ne savez pas combien l'étoffe a augmenté ! Tout le bétail a péri cet hiver à cause du grand froid.

PATHELIN. Vingt sous ! Vingt sous !

LE DRAPIER. Je vous jure que j'en aurai ce que je dis. Attendez donc samedi : vous verrez ce qu'elle vaut. La toison[1] qu'on a d'habitude en abondance m'a coûté, à la Sainte-Madeleine, huit blancs[2], je vous jure, pour une laine que j'avais d'habitude pour quatre.

PATHELIN. Palsambleu[3] ! Sans plus discuter, puisqu'il en va ainsi, j'achète. Allez, mesurez.

LE DRAPIER. Mais je veux savoir : combien vous en faut-il ?

PATHELIN. C'est bien facile à savoir : de quelle largeur est-elle ?

LE DRAPIER. De celle de Bruxelles[4].

PATHELIN. Trois aunes pour moi, et pour elle – elle est grande ! – deux et demie, ce qui fait six aunes, n'est-ce pas ? Eh bien non ! Que je suis stupide !

LE DRAPIER. Il ne manque qu'une demi-aune pour faire exactement les six.

PATHELIN. J'en prendrai six pour faire le compte rond. Il me faut aussi un chaperon.

LE DRAPIER. Prenez ce bout-là, nous allons mesurer. *(Ils mesurent ensemble.)* Elles y sont bien, et sans rabais : un et deux, et trois, et quatre, et cinq et six.

PATHELIN. Ventre saint Pierre, c'est ric-rac[5] !

LE DRAPIER. Dois-je remesurer ?

---

1. **Toison :** laine du mouton.
2. **Blancs :** pièces de monnaie d'argent qui valent chacune environ cinq deniers.
3. **Palsambleu :** déformation du juron « par le sang de Dieu ».
4. La largeur des étoffes de Bruxelles est de deux aunes*.
5. **Ric-rac :** tout juste.

PATHELIN. Non, non, par les latrines[1] ! Il y a toujours plus ou moins de perte et de profit sur la marchandise. À combien s'élève le tout ?

LE DRAPIER. Nous allons le savoir : à vingt-quatre sous chacune, cela fait neuf francs les six.

PATHELIN. Hum ! Pour une fois ! Ça fait six écus ?

LE DRAPIER. Mon Dieu, oui, tout à fait.

PATHELIN. Maintenant, monsieur, voulez-vous me faire crédit jusqu'à tout à l'heure, quand vous viendrez ? (*Le drapier change de tête.*) Non, pas faire crédit : vous les prendrez chez moi, en or ou en monnaie.

LE DRAPIER. Notre Dame ! Ça me ferait un grand détour de passer par là.

PATHELIN. Hé ! Depuis un instant, votre bouche, par Monseigneur saint Gilles, ne dit pas que la stricte vérité. C'est bien dit : vous feriez un détour ! C'est ça : vous voudriez ne jamais trouver une occasion de venir boire un verre chez moi ! Eh bien, cette fois-ci, vous y boirez !

LE DRAPIER. Mais par saint Jacques, je ne fais guère autre chose que de boire ! J'irai, mais il est mauvais de faire crédit, vous le savez bien, pour la première vente.

PATHELIN. Serez-vous satisfait si je paie cette première vente avec des écus d'or et non avec de la monnaie ? Et en plus vous mangerez de mon oie, par Dieu, que ma femme fait rôtir[2].

LE DRAPIER, *à part* : Vraiment, cet homme me rend fou. *(à Pathelin)* Allez devant. Bon, j'irai donc et je vous porterai l'étoffe.

PATHELIN. Mais non, pas du tout. En quoi me gênera-t-elle ? En rien du tout. Sous mon aisselle !

LE DRAPIER. Ne vous faites pas de souci ! Il vaut mieux, ce sera plus convenable, que je la porte moi-même.

1. **Latrines :** toilettes (juron comique).
2. Au sens propre « manger une oie rôtie », mais aussi, au sens figuré, « tromper ».

PATHELIN. Que sainte Madeleine me fasse passer un sale quart d'heure, si jamais vous prenez cette peine ! C'est très bien dit : sous l'aisselle !
(Pathelin met l'étoffe sous son bras.)
Ça me fera une belle bosse. Ah ! Ça va très bien comme ça. Il y aura de quoi boire et faire la fête chez moi, avant que vous ne vous en alliez.

LE DRAPIER. Je vous prie de me donner mon argent dès que je serai chez vous.

PATHELIN. Oui, bien sûr. Et, par Dieu, non, tant que vous n'aurez pas pris un bon repas. Et même je ne voudrais pas avoir sur moi de quoi payer. Au moins vous viendriez goûter quel vin je bois. Votre défunt père, quand il passait, criait bien : « Compère ! » ou « Que dis-tu ? » ou « Que fais-tu ? » Mais vous, les riches, vous ne faites pas grand cas des pauvres gens.

LE DRAPIER. Hé, par le saint sang de Dieu, c'est nous les plus pauvres !

PATHELIN. Ouais ! Adieu, adieu ! Rendez-vous tout de suite au lieu fixé, et nous allons bien boire, je vous le garantis.

LE DRAPIER. D'accord. Allez devant et que j'aie de l'or !

PATHELIN, *quittant le drapier.* De l'or ? Et puis quoi encore ? De l'or ? Diable, je n'ai jamais manqué à mes promesses, non ? De l'or ? Qu'il aille se faire pendre ! Que diable, il ne m'a pas vendu son étoffe à mon prix, il l'a vendue au sien, mais il sera payé au mien. Il lui faut de l'or ? On lui en fabrique. Mon Dieu, qu'il ne s'arrête pas de courir jusqu'à ce qu'il soit complètement payé. Par saint Jean, il ferait plus de chemin qu'il n'y en a jusqu'à Pampelune[1].

LE DRAPIER, *de son côté.* Ils ne verront ni le soleil ni la lune, les écus qu'il me donnera, de toute l'année, à moins qu'on ne me les vole. Il n'est client si rusé qui ne trouve vendeur plus malin ! Ce trompeur-là est bien simplet, lui qui a pris, pour vingt quatre sous l'aune, de l'étoffe qui n'en vaut pas vingt !

1. Ville d'Espagne, capitale de la Navarre.

SITUER

Dans cette très longue scène, Pathelin déploie tout son talent d'avocat et de trompeur pour obtenir du commerçant une pièce de drap à crédit. Le drapier, qui espère de son côté tromper Pathelin en lui vendant le drap au prix fort, acceptera-il de venir « manger de l'oie » chez son client pour être payé ?

RÉFLÉCHIR

DRAMATURGIE : dialogue et rapport de forces

1. Repérez les phases successives de la négociation. Qui mène le jeu ? À quoi le voit-on ?

2. À qui reviennent les répliques les plus longues et pourquoi ? Quels effets produisent-elles ? Que montrent-elles sur les deux personnages ?

STRATÉGIES : les arrière-pensées de Pathelin et du drapier

3. En reprenant les étapes de son intervention, étudiez comment Pathelin construit sa tromperie et parvient à ses fins.

4. Quelles sont les réactions du commerçant ? Quels défauts s'y révèlent ?

REGISTRES ET TONALITÉS : les formes du comique

5. Quels sont les tons successifs adoptés par Pathelin pour amadouer le drapier ? En quoi contribuent-ils au comique de la scène ?

6. Quel effet l'expression « manger de l'oie » produit-elle ?

7. Les deux dernières répliques de la scène sont prononcées en aparté par chacun des personnages. Quel rôle jouent-elles ?

SOCIÉTÉ : le monde du commerce

8. Montrez le professionnalisme du drapier.

9. Sur quoi reposent les relations entre le marchand et son client ?

ÉCRIRE

10. Imaginez une scène où vous essayez de convaincre un ami de vous prêter ses rollers pour rentrer à l'heure chez vos parents, qui vous attendent.

SCÈNE 3. PATHELIN, GUILLEMETTE.

PATHELIN, *l'étoffe cachée sous ses vêtements.* En ai-je ?

GUILLEMETTE. De quoi ?

PATHELIN. Qu'est devenue votre vieille robe ?

GUILLEMETTE. C'est bien utile d'en parler ! Que voulez-vous en faire ?

PATHELIN. Rien, rien. En ai-je ? Je vous le disais bien. *(Pathelin sort l'étoffe.)* Est-ce bien cette étoffe-ci ?

GUILLEMETTE. Sainte Dame ! Par le salut de mon âme, elle provient de quelque tromperie. Dieu ! D'où nous vient cette aventure ? Hélas, hélas ! Qui la paiera ?

PATHELIN. Vous demandez qui paiera ? Par saint Jean, elle est déjà payée. Le marchand qui me l'a vendue, chère amie, n'est pas fou. Que je sois pendu par le cou s'il n'est pas saigné à blanc comme plâtre ! Cette sale canaille en est restée sur le cul !

GUILLEMETTE. Combien coûte-t-elle donc ?

PATHELIN. Je ne dois rien : elle est payée ; ne vous en faites pas.

GUILLEMETTE. Vous n'aviez pas un sou ! Elle est payée ? Avec quel argent ?

PATHELIN. Hé, palsambleu, j'en avais, madame ; j'avais un parisis[1].

GUILLEMETTE. Bien joué ! Une obligation ou une reconnaissance de dette[2] ont fait l'affaire ; c'est comme ça que vous l'avez l'obtenue ; et, quand l'échéance arrivera, on viendra, on saisira nos biens, et tout ce que nous avons nous sera enlevé.

PATHELIN. Palsambleu : tout ce qu'il y a là ne m'a coûté qu'un seul denier.

---

1. **Parisis :** monnaie qui valait un denier et qui avait cours à Paris et dans le reste de l'Île-de-France.
2. **Reconnaissance de dette :** écrit par lequel on reconnaît que l'on doit de l'argent à quelqu'un.

GUILLEMETTE. *Benedicite Maria*[1] *!* Un seul denier ? Ce n'est pas possible !

PATHELIN. Je vous donne mon œil à arracher, s'il en a eu ou s'il en a plus ! Il pourra toujours discuter.

GUILLEMETTE. Qui est-ce ?

PATHELIN. C'est un Guillaume[2] dont le surnom est Joceaulme, puisque vous voulez le savoir.

GUILLEMETTE. Mais la manière de l'avoir pour un seul denier ? Et quel tour lui avez-vous joué ?

PATHELIN. Ce fut pour le denier à Dieu, et encore, si j'avais dit : « La main sur le pot[3] », par ces mots, j'aurais gardé mon denier. Alors, n'est-ce pas du beau travail ? Dieu et lui se partageront ce denier-là, si bon leur semble, car c'est tout ce qu'ils en auront, et ils peuvent toujours discuter, crier ou brailler.

GUILLEMETTE. Comment a-t-il accepté de vous faire l'étoffe à crédit, lui qui est si dur en affaires ?

PATHELIN. Par sainte Marie la belle, je l'ai si bien flatté qu'il me l'a presque donnée. Je lui disais que son défunt père était un homme si exceptionnel... « Ah !, lui dis-je, mon frère, que vous êtes de bonne famille ! Vous êtes, dis-je, de la famille la plus honorable de la région. » Mais je veux bien m'en remettre à Dieu s'il ne sort pas d'une sale race, de la plus intraitable canaille qui soit, je crois, en ce royaume ! « Ha !, dis-je, Guillaume mon ami, que vous ressemblez de visage et en tout à votre brave père ! » Dieu sait comme j'accumulais les flatteries et comme de temps à autre j'y ajoutais quelques mots sur ses étoffes ! « Et puis », dis-je, « sainte Marie, avec quelle gentillesse et avec quelle obli-

1. Prière en latin dont les premiers mots signifient : « Sainte Marie, bénissez-nous. »
2. Prénom donné généralement aux sots et aux maris trompés, mais aussi aux faux naïfs, capables de tromper.
3. Manière de conclure une affaire en mettant la main sur le pot de vin qu'on buvait ensemble. On dirait aujourd'hui : « Marché conclu ! ».

geance il faisait crédit de sa marchandise ! C'est vous », dis-je, « tout craché ! » Pourtant, on aurait pu arracher les dents du méchant marsouin, son défunt père, et celles de son babouin de fils[1], avant qu'ils vous prêtent ça *(Pathelin fait claquer son ongle contre ses dents.)*, ou qu'ils disent une parole aimable. Mais finalement, j'ai tant bavardé et parlé qu'il m'en a vendu six aunes à crédit.

GUILLEMETTE. Oui, mais qui ne seront jamais payées ?

PATHELIN. C'est ainsi que vous devez le comprendre. Rembourser ? C'est le diable qui les lui rendra.

GUILLEMETTE. Vous me rappelez la fable du corbeau[2] qui était perché sur une croix de cinq à six toises de haut[3], et qui tenait en son bec un fromage. Arrivait là un renard qui vit ce fromage ; il se dit : « Comment l'aurai-je ? » Il se mit alors sous le corbeau. « Ha, fit-il, que tu as le corps beau et que ton chant est mélodieux ! » Le corbeau dans sa bêtise, entendant ainsi vanter son chant, ouvrit le bec pour chanter, et son fromage tombe à terre. Et maître Renard de vous le saisir à belles dents et de l'emporter. Ainsi en est-il, j'en suis sûre, de votre étoffe, vous l'avez piégé par des flatteries et vous l'avez attrapé avec de belles paroles, comme Renard pour le fromage. Vous l'avez berné par vos grimaces.

PATHELIN. Il doit venir manger de l'oie, mais voici ce qu'il nous faudra faire. Je suis certain qu'il viendra brailler pour avoir rapidement son argent. J'ai pensé à un bon tour : il faut que je me couche sur mon lit, comme si j'étais malade, et quand il viendra, vous direz : « Ah ! Parlez bas » et vous gémirez en faisant triste figure. « Hélas, ferez-vous, il est malade depuis six semaines ou deux mois ». Et s'il vous dit : « Ce sont des bêtises, il vient à peine de me quitter ! », « Hélas, ferez-vous, ce n'est pas maintenant qu'il faut plai-

1. **Marsouin :** sorte de dauphin ; au sens figuré, homme laid et répugnant. **Babouin :** singe ; au figuré, imbécile.
2. La fable du corbeau et du renard, bien connue au Moyen Âge, est à l'origine une fable de Phèdre, auteur latin du Ier siècle.
3. **Toise :** unité de mesure qui équivaut à deux mètres.

santer ! » Laissez-moi lui jouer un air à ma façon, car il n'en tirera rien d'autre.

GUILLEMETTE. Par l'âme qui repose en moi, je jouerai très bien mon rôle. Mais si vous échouez et que justice s'empare à nouveau de vous, je crains qu'il ne vous en coûte deux fois plus cher que la dernière fois.

PATHELIN. Allons, la paix, je sais bien ce que fais ; il faut faire comme je dis.

GUILLEMETTE. Souvenez-vous du samedi, par Dieu, où l'on vous a mis au pilori[1]. Vous savez que chacun vous a injurié à cause de votre fourberie.

PATHELIN. Allons, laissez ce bavardage ! Il va venir d'un instant à l'autre. Il faut que cette étoffe nous reste. Je vais me coucher.

GUILLEMETTE. Allez donc.

PATHELIN. Et ne riez pas !

GUILLEMETTE. Certainement pas. Je vais plutôt pleurer à chaudes larmes.

PATHELIN. Il faut que nous gardions tous deux notre sérieux, pour qu'il ne se rende compte de rien.

SCÈNE 4. LE DRAPIER.

LE DRAPIER, *devant son étal.* Je crois qu'il est temps que je boive un verre avant de m'en aller. Eh bien ! Non. Je dois boire et manger de l'oie, par saint Mathelin[2], chez maître Pierre Pathelin, et là, je recevrai mon argent. Je vais faire là un bon coup qui, c'est sûr, ne me coûtera rien. J'y vais, je ne peux plus rien vendre.

1. **Pilori :** poteau sur lequel on expose en public les condamnés, la tête et les mains emprisonnées dans un cercle de fer.
2. **Saint Mathelin :** déformation de Mathurin, saint qu'on disait guérisseur des fous.

SITUER

Après avoir trompé le drapier, Pathelin n'est pas mécontent de rendre compte de la situation à Guillemette. Quelle ruse imaginera-t-il maintenant pour refuser de payer ?

RÉFLÉCHIR

DRAMATURGIE : d'une tromperie à l'autre

1. Étudiez l'articulation de cette scène à la précédente : que pensez-vous de la première réplique ? Comment se noue-t-elle à la suivante ?
2. Dégagez la progression interne de la scène.
3. Comment Pathelin met-il en scène la seconde tromperie ?
4. Quel est l'intérêt de la courte scène 4, qui fait intervenir le marchand ?

PERSONNAGES : vers plus de complexité

5. Qui s'exprime le plus et pourquoi ?
6. Quels talents de Pathelin se révèlent ici ?
7. Étudiez les réactions de Guillemette vis-à-vis de son mari. Pourquoi, malgré sa méfiance, accepte-t-elle d'être sa complice ?
8. Pourquoi la fable « Le Corbeau et le Renard », déjà connue à l'époque, convient-elle bien à la situation ? La comparaison de Pathelin avec Renart, le célèbre goupil, vous paraît-elle adaptée ? Pourquoi ?

REGISTRES ET TONALITÉS : la fête du comique

9. Comment Pathelin reprend-il, à l'intention de Guillemette, le dialogue qu'il a eu avec le drapier ? En quoi cette répétition est-elle comique ?
10. Comparez les deux portraits du père de Guillaume. Quels sont les registres de langue utilisés ?

DIRE

11. Un spectateur critique la scène : « À quoi bon faire raconter par Pathelin la scène qu'on a déjà vue auparavant ? » Répondez.

ÉCRIRE

12. En précisant la situation et l'enjeu, inventez un récit qui met en présence un flatteur et sa victime.

DRAMATURGIE : un héros maître du jeu

Alors que parfois le héros d'une pièce de théâtre n'apparaît qu'au second acte, Pathelin est ici présent dans trois scènes sur quatre.

1. Comment l'auteur en fait-il le meneur de jeu ?

2. Montrez la progression d'une scène à l'autre et la manière dont se noue l'intrigue.

PERSONNAGES : trompeurs et dupes

Le couple du trompeur et du trompé a toujours nourri le théâtre comique. L'auteur de *La Farce de maître Pathelin* enrichit le duo en introduisant un troisième personnage, Guillemette, au statut ambigu.

3. Comment Pathelin utilise-t-il les défauts du drapier et se montre-t-il un trompeur plus malin ?

4. Dans la mise au point des deux tromperies, Guillemette est-elle une opposante ? une complice ?

REGISTRES ET TONALITÉS : l'art du comique

La farce utilise plusieurs types de comique (de mots, de gestes, de caractère, de situation) qui permettent de jouer sur toutes les formes du rire et du sourire.

5. Quelles sont les formes de comique auxquelles recourt le plus volontiers l'auteur dans cet acte ?

6. En quoi Pathelin est-il un personnage comique ?

7. Par quels moyens l'affrontement des deux trompeurs, dans la scène 2, au cœur de l'acte, produit-il un effet comique sur les spectateurs ?

SOCIÉTÉ : une critique en arrière-plan

8. À travers les personnages de Pathelin et du drapier, pouvoir économique, pouvoir civil et pouvoir judiciaire sont contestés. Quels aspects du dialogue traduisent cette critique ?

9. Quelle image de la vie conjugale cet acte donne-t-il ? Vous paraît-elle réaliste ?

ÉCRIRE

10. « Pathelin est un avocat bien étonnant. »
Continuez son portrait.

ACTE II

Même décor.

SCÈNE PREMIÈRE. LE DRAPIER, GUILLEMETTE.

LE DRAPIER. Ho, maître Pierre !

GUILLEMETTE. Hélas ! Monsieur, par Dieu, si vous voulez dire quelque chose, parlez plus bas.

LE DRAPIER. Dieu vous garde, madame !

GUILLEMETTE. Ho ! Plus bas !

LE DRAPIER. Eh ! Quoi ?

GUILLEMETTE. Par mon âme…

LE DRAPIER. Où est-il ?

GUILLEMETTE. Hélas ! Où doit-il être ?

LE DRAPIER. Qui… ?

GUILLEMETTE. Ah ! Que c'est mal dit, mon maître. Où est-il ? Hé, Puisse Dieu, par sa grâce, le savoir ! Il garde le lit. Où est-il ? Le pauvre martyr[1] ! Onze semaines, sans en bouger !

LE DRAPIER. Le… Qui ?

GUILLEMETTE. Pardonnez-moi, je n'ose parler haut : je crois qu'il repose. Il est un peu assoupi. Hélas ! Il est complètement assommé, le pauvre homme !

LE DRAPIER. Qui ?

GUILLEMETTE. Maître Pierre !

LE DRAPIER. Quoi ? N'est-il pas venu chercher six aunes d'étoffe à l'instant ?

GUILLEMETTE. Qui ? Lui ?

1. **Martyr :** personne victime de persécution ou bien souffrant beaucoup.

LE DRAPIER. Il en vient tout juste, il n'y a pas la moitié d'un quart d'heure. Payez-moi. Diable ! Je perds trop de temps. Allez, sans plus de baratin, mon argent !

GUILLEMETTE. Eh ! Pas de plaisanterie. Ce n'est pas le moment de plaisanter.

LE DRAPIER. Allez, mon argent ! Êtes-vous folle ? Il me faut neuf francs.

GUILLEMETTE. Ah ! Guillaume, il ne faut pas nous prendre pour des imbéciles. Vous venez ici pour vous moquer de moi ? Allez raconter ces sornettes aux idiots avec qui vous voudriez vous amuser.

LE DRAPIER. Je veux bien renier Dieu si je n'ai pas neuf francs.

GUILLEMETTE. Hélas ! Monsieur, tout le monde n'a pas envie de rire comme vous, ni de bavarder à tort et à travers.

LE DRAPIER. Dites, je vous prie, trêve de plaisanterie, s'il vous plaît, faites-moi venir maître Pierre.

GUILLEMETTE. Malheur à vous ! N'est-ce pas fini ?

LE DRAPIER. Ne suis-je pas ici chez maître Pierre Pathelin ?

GUILLEMETTE. Si. Que le mal saint Mathurin – Que Dieu m'en garde ! – vous prenne au cerveau ! Parlez bas !

LE DRAPIER. Que le diable s'en mêle ! Je n'oserai pas le demander ?

GUILLEMETTE. Que Dieu me vienne en aide ! Bas ! Si vous ne voulez pas qu'il se réveille.

LE DRAPIER. Quel « bas » ? Voulez-vous qu'on vous parle à l'oreille, au fond du puits ou de la cave ?

GUILLEMETTE. Hé, mon Dieu, que vous avez de salive ! D'ailleurs, vous êtes toujours comme ça.

LE DRAPIER. C'est une histoire diabolique, maintenant que j'y pense ! Si vous voulez que je parle bas... Dites donc ! Quant à ce genre de discussions, je ne m'y connais pas. La vérité, c'est que maître Pierre a pris six aunes d'étoffe aujourd'hui.

GUILLEMETTE, *criant de plus en plus.* Qu'est-ce que c'est que ça ? Cela va-t-il continuer toute la journée ? Que le diable s'en mêle ! Voyons ! Que veut dire « prendre » ? Ah ! Monsieur, que l'on pende celui qui ment ! Il est dans un tel état, le pauvre homme, qu'il n'a pas quitté le lit depuis onze semaines. Allez-vous nous rebattre les oreilles avec vos fantaisies ? Est-ce bien raisonnable ? Vous sortirez de ma maison. Par la souffrance de Dieu, que je suis malheureuse !

LE DRAPIER. Vous disiez que je devais parler tout bas. Sainte Vierge Marie, vous criez !

GUILLEMETTE. C'est vous, par mon âme, qui ne faites que chercher la dispute !

LE DRAPIER. Dites, si vous voulez que je m'en aille, donnez-moi…

GUILLEMETTE. Parlez bas ! Oui ?

LE DRAPIER. Mais c'est vous-même qui allez le réveiller : vous parlez quatre fois plus fort que moi, palsambleu ! J'exige d'être payé.

GUILLEMETTE. Mais de quoi s'agit-il ? Êtes-vous ivre ou fou, par Dieu notre père ?

LE DRAPIER. Ivre ? Par la malédiction de saint Pierre, voilà une belle question !

GUILLEMETTE. Hélas ! Plus bas !

LE DRAPIER. Je vous demande, madame, le prix de six aunes d'étoffe, pour l'amour de saint Georges[1].

GUILLEMETTE, *à part.* On s'en occupe ! Et à qui l'avez-vous donnée ?

LE DRAPIER. À lui-même.

GUILLEMETTE. Il est bien en état d'avoir de l'étoffe ! Hélas ! Il ne peut pas bouger ; il n'a aucun besoin d'avoir un

1. Patron des chevaliers, qu'on invoque dans les jurons pour marquer sa colère.

habit ; jamais il ne mettra d'autre habit que blanc et il ne partira, d'où il est, que les pieds devant[1].

LE DRAPIER. C'est donc depuis le lever du soleil, car, c'est sûr, je lui ai parlé.

GUILLEMETTE. Vous avez la voix très forte. *(D'une voix perçante)* Parlez plus bas, par charité !

LE DRAPIER. Mais c'est vous, en vérité, vous-même qui criez, nom d'une pipe ! Palsambleu, quelle histoire ! Si on me payait, je m'en irais. Par Dieu, chaque fois que j'ai fait crédit, je n'ai rien trouvé que des ennuis !

SCÈNE 2. PATHELIN, GUILLEMETTE, LE DRAPIER.

PATHELIN *appelle de son lit.* Guillemette, un peu d'eau de rose[2] ! Redressez-moi, remontez mon dos. Allons, à qui donc je parle ? La carafe, à boire ! Frottez-moi la plante des pieds !

LE DRAPIER. Je l'entends là.

GUILLEMETTE. Oui.

PATHELIN. Ah ! Malheureuse, viens ici ! T'avais-je fait ouvrir ces fenêtres ? Viens me couvrir ! Chasse ces gens noirs[3]. Marmara, carimari, carimara[4] ! Emmenez-les loin de moi, emmenez-les !

GUILLEMETTE. Qu'y a-t-il ? Comme vous vous agitez ! Avez-vous perdu la tête ?

---

1. L'habit blanc désigne le linceul, c'est-à-dire le tissu blanc dont on enveloppait les cadavres. On les sortait de la maison les pieds devant.
2. **Eau de rose :** préparation à base de roses utilisée pour réanimer ceux qui s'évanouissaient.
3. **Ces gens noirs :** allusion aux diables, ou peut-être à des moines noirs dont le rôle était de veiller les morts.
4. Formule magique faite de mots incompréhensibles et destinée à éloigner les diables.

SITUER

Satisfait d'avoir vendu sa marchandise un bon prix, le drapier se présente chez Pathelin pour toucher son dû et « manger de l'oie ». C'est Guillemette qui l'accueille. Comment s'y prendra-t-elle pour lui faire croire que maître Pierre est malade ?

RÉFLÉCHIR

DRAMATURGIE : un dialogue de sourds

1. Comment Guillemette, dès les premières répliques, rend-elle le dialogue impossible ?

2. De quelle façon le drapier rappelle-t-il à la jeune femme les promesses de Pathelin ?

3. Comment l'auteur rend-il le spectateur complice de Guillemette ?

PERSONNAGES : Guillemette, maîtresse du jeu

4. Comment, d'entrée de jeu, Guillemette domine-t-elle la scène ?

5. Quel portrait fait-elle de Pathelin ?

6. Quelles sont les réactions du drapier au cours de la scène ? Est-il prêt à faire des concessions ?

REGISTRES ET TONALITÉS : mensonges et insultes

7. En quels termes Guillemette juge-t-elle la parole du drapier ? Cherche-t-elle à en faire un menteur ou un fou ?

8. Quelles insultes adresse-t-elle au drapier à la même occasion ? En quoi est-ce comique ?

9. Quels sont les autres éléments comiques de cette scène ?

MISE EN SCÈNE : un jeu de dupes

10. Quels jeux de scène permettent à Guillemette d'inquiéter peu à peu le drapier ? Repérez les passages du dialogue qui les suggèrent.

DIRE

11. Un metteur en scène* imagine une Guillemette honnête et effacée. Comment le drapier va-t-il alors se comporter ? Répondez.

ÉCRIRE

12. Pathelin est caché mais entend tout. Imaginez ses réactions et ses sentiments devant la conduite de Guillemette et celle du drapier.

PATHELIN. Tu ne sais pas ce que je ressens. Voilà un moine noir qui vole ! Prends-le, passe-lui une étole[1]. Au chat, au chat[2] ! Comme il grimpe !

GUILLEMETTE. Hé, qu'est-ce qu'il y a ? N'avez-vous pas honte ? Par Dieu, vous vous agitez trop !

PATHELIN. Ces médecins m'ont tué avec ces drogues qu'ils m'ont fait boire ; et pourtant, il faut leur faire confiance. Ils nous manient comme de la cire.

GUILLEMETTE. Hélas ! Venez le voir, cher monsieur : il souffre si cruellement.

LE DRAPIER. Est-il malade pour de bon, depuis le moment où il est revenu de la foire ?

GUILLEMETTE. De la foire ?

LE DRAPIER. Par saint Jean, oui ; je crois bien qu'il y a été. Pour l'étoffe dont je vous ai fait crédit, il m'en faut l'argent, maître Pierre.

PATHELIN. Ah ! Maître Jean, j'ai chié deux petites crottes, plus dures que pierre, noires, rondes comme des pelotes ; prendrai-je un autre clystère[3] ?

LE DRAPIER. Et que sais-je ? Qu'en ai-je à faire ? Il me faut neuf francs et six écus.

PATHELIN. Ces trois morceaux noirs et pointus, les appelez-vous des pilules[4] ? Ils m'ont abîmé les mâchoires. Pour Dieu, ne m'en faites plus prendre, maître Jean ! Ils m'ont fait tout rendre. Ah ! Il n'y a rien de plus amer !

LE DRAPIER. Non point, par l'âme de mon père ! Vous ne m'avez pas rendu mes neuf francs.

1. **Étole :** bande d'étoffe que les prêtres se suspendaient au cou pendant les cérémonies religieuses. On la mettait aussi autour du cou des gens qu'on croyait possédés par le Diable.
2. Au Moyen Âge, le chat est souvent considéré comme un animal diabolique (dont Satan prend la forme).
3. **Clystère :** lavement. Pathelin feint de prendre le drapier pour un médecin.
4. Suppositoires que Pathelin fait semblant de prendre pour les pilules.

GUILLEMETTE. Qu'on pende par le cou des gens aussi insupportables ! Allez-vous-en, par tous les diables, puisque c'est impossible au nom de Dieu.

LE DRAPIER. Par ce Dieu qui me fit naître, j'aurai mon étoffe avant d'en finir, ou bien mes neuf francs !

PATHELIN. Et mon urine, vous dit-elle pas que je meurs[1] ? Hélas ! Eh Dieu ! Même si c'est long, faites que je ne trépasse pas !

GUILLEMETTE. Allez-vous-en ! Et n'est-ce pas honteux de lui casser la tête ?

LE DRAPIER. Nom de Dieu de nom de Dieu ! Six aunes d'étoffe, tout de suite ! Dites, est-il convenable, d'après vous, que je les perde ?

PATHELIN. Si vous pouviez amollir ma merde, maître Jean ! Elle est si dure que je ne sais comment je résiste quand elle me sort du derrière.

LE DRAPIER. Il me faut neuf francs tout rond, car, par saint Pierre de Rome…

GUILLEMETTE. Hélas ! Vous torturez terriblement cet homme ! Comment pouvez-vous être si dur ? Vous voyez clairement qu'il s'imagine que vous êtes médecin. Hélas ! Le pauvre chrétien, il a bien assez de malheur : onze semaines sans répit, il est resté là, le pauvre homme !

LE DRAPIER. Palsambleu, je ne sais comment ce mal lui est arrivé, car il est venu aujourd'hui et nous avons fait affaire ensemble, du moins à ce qu'il me semble, ou je ne sais pas ce qui se passe.

GUILLEMETTE. Par Notre Dame, mon cher maître, vous n'êtes pas dans votre état normal. Sans faute, si vous voulez bien me croire, vous irez vous reposer un peu. Beaucoup de gens pourraient raconter que vous venez ici pour moi. Sortez ! Les médecins viendront bientôt ici même. Je ne

1. L'examen de l'urine des malades permettait aux médecins de faire des diagnostics.

tiens pas à ce que l'on pense à mal, car pour ma part, je n'y pense pas.

LE DRAPIER. Et, par Dieu, en suis-je arrivé là ? Par la tête de Dieu, je croyais… Encore un mot : n'avez-vous point d'oie au feu ?

GUILLEMETTE. Belle question ! Ah, monsieur, ce n'est pas de la nourriture pour malades. Mangez vos oies sans venir nous faire des grimaces. Par ma foi, vous en prenez trop à votre aise !

LE DRAPIER. Je vous prie de ne pas vous mettre en colère car je croyais vraiment… *(Guillaume lui tourne le dos et s'en va.)*

SCÈNE 3. LE DRAPIER, *seul.*

LE DRAPIER. Un mot encore, par le Sacrement de Dieu Diable, je vais aller vérifier. Je sais bien que je dois avoir six aunes de cette étoffe, d'une seule pièce, mais cette femme m'embrouille totalement la cervelle. Il les a pourtant eues Non point ! Diable, ça ne marche pas : j'ai vu la Mort qui vient le saisir, c'est sûr, ou alors, il joue la comédie. Et pourtant, il les a ! Il les a bien emportées et mises sous son aisselle. Par sainte Marie la belle, non, il ne les a pas ! Je ne sais pas si je rêve : je n'ai pas l'habitude de donner mes étoffes, ni quand je dors ni quand je veille, à qui que ce soit, pas même à mon meilleur ami ; je ne les aurais pas données à crédit. Palsambleu, il les a eues ! Par la morbleu[1] il ne les a pas eues ! J'en suis sûr : il ne les a pas ! Mais où est-ce que je vais ? Si, il les a ! Par le sang de Notre Dame puisse-t-il se perdre corps et âme, y compris moi, celui qui pourrait dire qui d'eux ou de moi a raison ou tort : je n'y vois goutte.

1. **Morbleu :** juron atténué pour « mort de Dieu ».

SITUER

Malgré son talent de comédienne, Guillemette n'est pas parvenue à repousser le drapier. Pathelin entre alors en scène en simulant la folie. Réussira-t-il davantage à écarter le marchand ?

RÉFLÉCHIR

DRAMATURGIE : le malade dans tous ses états

1. Comment Pathelin apparaît-il sur scène dès la première réplique ? Est-ce une surprise pour le spectateur et les autres personnages ?

2. Comment progresse la scène ? Étudiez les différents arguments utilisés par Guillemette.

3. Qu'indique le monologue du drapier, à la scène 3, sur son état d'esprit ?

PERSONNAGES : deux contre un

4. Quels détails suggèrent une complicité entre Pathelin et Guillemette ? Quel nouveau portrait celle-ci fait-elle de Pathelin ?

5. Comment le drapier réagit-il face à ce couple de trompeurs ?

SOCIÉTÉ : médecins et malades au Moyen Âge

6. Relevez les termes qui appartiennent au champ lexical de la médecine. Comment le corps est-il représenté ?

7. Quelle image cette scène nous donne-t-elle de la médecine et des médecins ?

REGISTRES ET TONALITÉS : un langage en liberté

8. Quels registres de langue Pathelin utilise-t-il ? Ses répliques sont-elles toujours cohérentes ?

9. Pourquoi les propos de Guillemette et de Pathelin finissent-ils par avoir raison du drapier ?

10. Le drapier rappelle sans cesse l'objet de sa visite. Quel effet produit cette insistance ?

DIRE

11. Imaginez un drapier moins obsédé par l'argent et moins naïf. Comment pourrait-il s'opposer au couple de trompeurs ?

ÉCRIRE

12. Le drapier confie sa mésaventure à un ami. Imaginez son récit.

SCÈNE 4. PATHELIN, GUILLEMETTE, LE DRAPIER.

PATHELIN. S'en est-il allé ?

GUILLEMETTE. Silence, j'écoute ! Je ne sais ce qu'il marmotte. Il s'éloigne en grommelant si fort qu'il semble délirer.

PATHELIN. Ce n'est pas le moment de me lever ? Comme il est arrivé au bon moment !

GUILLEMETTE. Je ne sais s'il ne va pas revenir. *(Pathelin fait mine de se lever.)* Non, diable, ne bougez pas encore : notre affaire tomberait complètement à l'eau s'il vous trouvait debout.

PATHELIN. Par saint Georges, il s'est bien fait avoir, lui qui est si méfiant. Voilà qui lui va mieux qu'un crucifix dans une église !

GUILLEMETTE. Jamais une sale canaille de son espèce n'ingurgita si bien du lard aux pois[1]. Eh bien, quoi ! Diable, il ne faisait pas d'aumône le dimanche[2]. *(Guillemette se met à rire.)*

PATHELIN. Par Dieu, ne ris pas ! S'il revenait, ça pourrait nous coûter cher. Je suis certain qu'il va revenir.

GUILLEMETTE. Par ma foi, se retienne qui voudra, mais moi j'en suis incapable.

(Elle continue à rire, alors que le drapier se fait entendre devant son étal.)

LE DRAPIER. Eh bien, par le saint soleil qui luit, je retournerai, grogne qui veut, chez cet avocat d'eau douce[3]. Hé ! Dieu ! Quel beau racheteur de rentes que ses parents ou ses parentes avaient vendues ! Mais, par saint Pierre, il a mon étoffe, le sale trompeur : je la lui ai donnée ici même !

---

1. Expression pour dire que le drapier avale n'importe quoi.
2. On donnait un peu d'argent aux pauvres avant ou après la messe du dimanche. Faire l'aumône était l'un des devoirs des chrétiens.
3. **Avocat d'eau douce :** appellation semblable à « marin d'eau douce », désignant un mauvais avocat, qui plaide seulement des causes faciles.

SITUER

Le drapier est parti. Contents de leur méchant tour, Pathelin et Guillemette respirent enfin et se moquent de lui. Mais sont-ils vraiment débarrassés du marchand ?

RÉFLÉCHIR

DRAMATURGIE : UNE SCÈNE DE TRANSITION

1. En quoi cette scène marque-t-elle la fin d'une étape ? Relevez les allusions aux scènes précédentes.

2. Comment annonce-t-elle aussi la suite ?

PERSONNAGES : méfiance ou insouciance ?

3. Quels sentiments Pathelin et Guillemette éprouvent-ils ? Montrez comment, au cours de la scène, ils échangent leurs réactions.

4. Dans quel état d'esprit se trouve le drapier ? Pourquoi sa conduite devrait-elle inquiéter le couple ?

MISE EN SCÈNE : organisation de l'espace scénique

5. Étudiez le dispositif scénique. Qui est présent sur scène ? Où se trouve le drapier ? Que voit le spectateur ?

REGISTRES ET TONALITÉS : les formes du comique

6. Relevez les insultes et les jurons par lesquels Pathelin et Guillemette désignent le drapier. Pourquoi font-ils rire le spectateur ?

7. En quoi le dispositif scénique (question 5) rend-il la scène comique ?

ÉCRIRE

8. On vous demande de mettre en scène ce passage. Rédigez un paragraphe pour indiquer aux acteurs les gestes et les mimiques de leurs personnages.

GUILLEMETTE. Quand je me souviens de la grimace qu'il faisait en vous regardant, je ris... Il brûlait de demander... *(Elle rit.)*

PATHELIN. Allons, silence, écervelée ! Je renie Dieu... – que je ne le fasse jamais ! *(Il fait le signe de croix.)* S'il arrivait qu'on vous entende, il vaudrait mieux pour nous prendre la fuite. Il est si coriace !

SCÈNE 5. LE DRAPIER, PATHELIN, GUILLEMETTE.

LE DRAPIER. Et cet ivrogne d'avocat, à trois leçons et à trois psaumes[1], prend-il donc les gens pour des idiots ? Il est, par Dieu, aussi bon à pendre qu'une piécette à ramasser. Il a mon étoffe ou je renie Dieu ! Et il m'a bien roulé à ce jeu... *(Il revient chez Pathelin et appelle Guillemette.)* Holà, où êtes-vous cachée ?

GUILLEMETTE. Mon Dieu, il m'a entendue. Il semble sur le point de perdre la tête.

PATHELIN. Je vais faire semblant de délirer. Allez ouvrir !

GUILLEMETTE, *ouvre la porte.* Comme vous criez !

LE DRAPIER. Mais par Dieu, vous riez ! Allez, mon argent !

GUILLEMETTE. Sainte Marie, de quoi croyez-vous que je rie ? Il n'y a pas plus malheureuse que moi dans l'affaire. Il se meurt. Jamais vous n'avez entendu une telle tempête ni une telle frénésie. Il est encore en plein délire : il délire, il chante, il baragouine[2] dans toute sorte de langue, et il bredouille. Il ne vivra pas une demi-heure. Par mon âme, je ris et je pleure à la fois.

1. **Leçons :** lectures faites à l'église pendant la messe.
   Psaumes : chants des Hébreux que l'on trouve dans la Bible et que l'on récitait à la messe. Cette expression fait allusion à un office religieux très bref et dévalorise ainsi les capacités de Pathelin.
2. **Baragouiner :** parler une langue en la déformant.

LE DRAPIER. Je ne comprends rien à ces rires et à ces pleurs : mais, pour vous le dire en un mot, il faut que je sois payé !

GUILLEMETTE. De quoi ? Avez-vous perdu la tête ? Recommencez-vous vos folies ?

LE DRAPIER. Je ne suis pas habitué à ce qu'on me paie avec de tels mots quand je vends mon étoffe. Voulez-vous me faire prendre des vessies pour des lanternes[1] ?

PATHELIN. Debout, vite ! La reine des guitares[2], qu'on l'approche immédiatement de moi ! Je sais bien qu'elle a accouché de vingt-quatre petites guitares, enfants de l'abbé d'Yverneaux[3] ; il me faut être son compère[4].

GUILLEMETTE. Hélas ! Pensez à Dieu le Père, mon ami, et non pas à des guitares !

LE DRAPIER. Hé, quel conteur de balivernes ! N'en est-ce pas ? Allons vite, que je sois payé en or ou en monnaie, pour l'étoffe que vous avez emportée !

GUILLEMETTE. Hé diable ! Vous vous êtes déjà trompé une fois, n'est-ce pas suffisant ?

LE DRAPIER. Savez-vous ce qu'il en est, chère amie ? Dieu m'aide, je ne sais de quoi je me serais trompé. Mais quoi ! Il faut rendre ou se faire pendre. Quel tort je vous fais si je viens chez vous pour réclamer ce qu'on me doit ? Car, par saint Pierre de Rome…

GUILLEMETTE. Hélas ! Comme vous tourmentez cet homme ! Certes, je vois bien à votre visage que vous n'avez pas votre bon sens. Par la pauvre pécheresse que je suis, si j'avais de l'aide, je vous ligoterais : vous êtes complètement fou !

LE DRAPIER. Hélas ! J'enrage de ne pas avoir mon argent.

---

1. **Faire prendre des vessies pour des lanternes :** expression proverbiale qui signifie « faire croire des choses absurdes ».
2. C'est le début du délire de Pathelin.
3. Ville qui avait une abbaye ; jeu de mots avec « hivernal », qui associe l'idée de pauvreté et celle de froidure de l'hiver.
4. **Compère :** parrain par rapport à la marraine ou à la mère de l'enfant.

Guillemette. Ah, quelle bêtise ! Signez-vous. *Benedicite*[1] Faites le signe de croix. *(Elle fait le signe de la croix.)*

Le drapier. Que je renie Dieu si, de toute l'année, je donne de l'étoffe à crédit ! Quel malade !

Pathelin, *qui s'agite.*

Mère de Dieu, la coronade,
Par ma fye, y m'en vuol anar,
Or regnie biou, oultre la mar !
Ventre de Diou, z'en dis gigone !
Castui çà rible et res ne done.
Ne carrilaine, fuy ta none !
Que de l'argent il ne me sone[2] !
Vous avez compris, cher cousin ?

Guillemette. Il avait un oncle limousin, qui était le frère de sa grand-tante. C'est ce qui le fait jargonner en limousin, j'en suis sûre.

Le drapier. Diable ! Il est parti en cachette, avec mon étoffe sous l'aisselle.

Pathelin. Entrez, douce demoiselle. Que veulent donc tous ces crapauds ? Reculez, merdaille ! Vite ! Je veux devenir prêtre. Allons ! Que le diable prenne sa part dans ce nid de vieux prêtres ! Et faut-il que le prêtre rie, quand il devrait chanter sa messe ?

Guillemette. Hélas, hélas ! L'heure approche où il lui faut les derniers sacrements !

Le drapier. Mais comment parle-t-il couramment picard ? D'où vient cette folie ?

Guillemette. Sa mère était de Picardie ; c'est pourquoi il le parle maintenant.

---

1. ***Benedicite*** **:** voir note 1 p. 30.
2. Texte en langue (approximative) du Limousin, dont voici une traduction également approximative : « Mère de Dieu, la couronnée, par ma foi, je veux m'en aller, je renie Dieu, outre-mer ! Ventre de Dieu, je dis zut ! Celui qui est ici vole et ne donne rien. Ne carillonne pas ! Fais ton somme ! Qu'il ne me parle pas d'argent ! »

PATHELIN. D'où viens-tu face de carnaval ?
Vuacarme, liefe gode man ;
etlbelic bed igluhe golan ;
Henrien, Henrien, conselapen ;
ych salgneb nede que maignen ;
grile, grile, scohehonden ;
zilop, zilop en mon que bouden ;
disticlien unen desen versen ;
mat groet festalou truit denhersen ;
en vuacte vuile, comme trie !
Ah ! Oui, trinquons, je vous en prie ;
Quoy act semigot yaue,
Et qu'on y mette un peu d'eau,
Vuste vuille, pour le frimas[1] !
Faites venir immédiatement
sire Thomas, qui me confessera.

LE DRAPIER. Qu'est-ce donc ? Il ne cessera aujourd'hui de parler toutes sortes de langues ? Si seulement il me donnait un gage ou mon argent, je m'en irais !

GUILLEMETTE. Par la Passion de Dieu, que je suis malheureuse ! Vous êtes un homme bien étrange ! Que voulez-vous ? Je ne comprends pas pourquoi vous êtes si obstiné !

PATHELIN. Par ici, Renouart à la massue[2] ! Diantre ! Que ma couille est poilue ! Elle ressemble à une chenille ou à une mouche à miel. Bé ! Parlez-moi, Gabriel. Par les plaies de Dieu, qu'est-ce qui s'attaque à mon cou ? Est-ce une vache, une mouche ou un bousier[3] ? Bé ! Diable, j'ai le mal de saint

---

1. Il s'agit peut-être de flamand. En voici la traduction approximative : « Hélas, cher brave homme, je connais heureusement plus d'un livre. Henri, ah, Henri ! Viens dormir, je vais être bien armé. Alerte, alerte, trouvez des bâtons ! Course, course, une nonne ligotée ! Des distiques garnissent ces vers. Mais un grand festoiement épanouit le cœur. Ah, attendez un instant ! Il vient une tournée de rasades. Allons, à boire ! Je vous en prie ! Viens seulement, regarde seulement ! Un don de Dieu ! Et qu'on m'y mette un peu d'eau ! Différez un instant à cause du frimas. »
2. **Renouart :** personnage de la chanson de geste. Il avait pour arme un *tinel*, c'est-à-dire une massue cerclée de fer.
3. **Bousier :** insecte qui vit dans les excréments des mammifères.

Garbot[1] ! Suis-je des foireux de Bayeux ? Jean Tout-Le-Monde sera joyeux, s'il sait que j'en suis. Bé ! Par saint Michel, je boirai volontiers un coup à sa santé[2].

LE DRAPIER. Comment peut-il supporter l'effort de tant parler ? Ah ! Il devient fou.

GUILLEMETTE. Celui qui a été son maître d'école était normand ; de là vient que, sur sa fin, il s'en souvient. Il s'en va !

LE DRAPIER. Ah ! Sainte Marie, voici le plus extraordinaire délire où je me sois jamais trouvé ; jamais je n'aurais mis en doute qu'il soit allé aujourd'hui à la foire.

GUILLEMETTE. C'est ce que vous imaginiez ?

LE DRAPIER. Oui, par saint Jacques ! Mais je me rends bien compte que c'est le contraire.

PATHELIN. Sont-ils un âne que j'entendrai braire ? *(Il se tourne vers le drapier.)* Alas, alas ! Mon cousin, ils le seront, en grand émoi, le jour où je ne te verrai pas. Il faut que je te haïrai[3], car tu m'as fait une grande traîtrise. Ce que tu fais, ce n'est que tromperie. Ha oul danda oul en ravezeie, corfha en euf[4].

GUILLEMETTE. Dieu vous aide !

PATHELIN. Huis oz bez ou dronc nos badou
digaut an tan en hol madou
empedif dich guicebnuan
quez quevient ob dre douch aman
men ez cahet hoz bouzelou
eny obet grande canou
maz rehet crux dan hol con
so ol oz lerueil grant nacon

1. **Mal de saint Garbot :** désigne la maladie – la dysenterie – dont l'évêque Garbot avait puni les habitants de Bayeux, avec qui il avait eu des démêlés.
2. Toute cette tirade comporte des traits propres au français parlé en Normandie.
3. Faute volontaire. On attendrait le subjonctif, « haïsse ».
4. « Puisses-tu être aux diables, corps et âme ». Le texte est en breton.

aluzen archet epysy
har cals amour ha coureisy[1].

LE DRAPIER. Hélas ! Pour Dieu, écoutez ça ! Il s'en va ! Comme il gargouille ! Mais que diable baragouine-t-il ? Sainte Dame, comme il marmotte ! Par le Corps de Dieu, il marmonne ses mots si bien qu'on n'y comprend rien ! Il ne parle pas chrétien, ni aucun langage compréhensible.

GUILLEMETTE. C'est la mère de son père qui venait de Bretagne. Il se meurt : cela nous apprend qu'il lui faut les derniers sacrements.

PATHELIN. Hé, par saint Gigon, tu te mens !
Vualx te Deu, couille de Lorraine !
Dieu te mete en bote sepmaine !
Tu ne vaulx mie une vielz nate.
Va, sanglante bote savate,
va foutre, va, sanglant paillart !
Tu me refais trop le gaillart.
Par la mort bieu, sa, vien t'en boire,
et baille-moy stan grain de poire,
car vrayement, il le mangera
et, par saint Georges, il bura
a ty. Que veulx tu que je die ?
Dy, viens tu nient de Picardie ?
Jaques nient ce sont ebobis[2].
Et bona dies sit vobis,

1. « Puissiez-vous passer une mauvaise nuit, des saisissements, par suite de l'incendie de vos biens ! Je vous souhaiterai à tous, sans exception, vous tous qui êtes ici, que vous rendiez une pierre de vos entrailles en faisant du bruit et des lamentations, de telle sorte que vous fassiez pitié aux chiens qui meurent complètement de faim. Tu auras l'aumône d'un cercueil et beaucoup d'amour et de courtoisie ».
2. La tirade ressemble au début à un parler lorrain : « Hé ! Par saint Gangulphe, tu te trompes ! Qu'il aille à Dieu, couille de Lorraine, Dieu te mette en vilaine semaine ! Tu ne vaux pas un vieux con ! Va, sale vieille savate ! Va foutre, va, maudit paillard ! Tu fais trop le malin ! Morbleu, viens-t'en boire ! Et donne-moi ce grain de poivre ! Car vraiment il le mangera et, par saint Georges, il boira à ta santé ! Que veux-tu que je te dise ? Dis, ne viens-tu pas de Picardie ? Par saint Jacques, ils ne s'étonnent de rien ! »

magister amantissime,
pater reverendissime.
Quomodo brulis ? Que nova ?
Parisius non sunt ova.
Quid petit ille mercator ?
Dicat sibi quod trufator,
ille qui in lecto jacet,
vult ei dare, si placet,
de oca ad comedendum.
Si sit bona ad edendum,
pete sibi sine mora[1].

GUILLEMETTE. Sur mon âme, il va mourir tout en parlant. Comme il écume ! Ne voyez-vous pas comme il révère hautement la divinité[2] ? Elle s'en va, sa vie. Et moi, je vais rester pauvre et malheureuse !

LE DRAPIER, *à part.* Il serait bon que je m'en aille avant qu'il ait passé le pas. *(à Guillemette)* Je crains qu'il ne veuille pas vous dire devant moi, au moment de mourir, quelques secrets en confidence, s'il se trouve. Pardonnez-moi, car je vous jure que j'imaginais, par mon âme, qu'il avait eu mon étoffe. Adieu, madame ; pour Dieu, qu'il me soit pardonné !

GUILLEMETTE. Que le jour béni vous soit donné, ainsi qu'à moi, pauvre malheureuse que je suis !

LE DRAPIER, *en s'en allant.* Par la gracieuse sainte Marie, je me trouve plus stupéfait que jamais. C'est le diable qui, à sa place, a pris mon étoffe pour me tenter. *Benedicite* ! Puisse-t-il ne jamais s'en prendre à moi. Et, puisqu'il en est ainsi, je la donne, pour Dieu, à qui l'a prise.

1. La suite est dans le latin adopté par les étudiants du Moyen Âge : « Hé bonjour à vous, maître bien-aimé, père très vénéré ! Comment fais-tu Qu'y a-t-il de nouveau ? Il n'y a pas d'œufs à Paris. Que demande ce marchand ? Il nous a dit que ce trompeur, celui qui est couché au lit, veut lui donner, s'il lui plaît, de l'oie à manger. Si elle est bonne à manger demande-lui sans tarder ».
2. Guillemette veut faire croire au drapier que Pathelin prie Dieu en latin.

SITUER

Conscient d'avoir été dupé, et très en colère, le drapier est de retour chez Pathelin. La rencontre menace d'être pénible pour l'avocat. Il lui faut, avec la complicité de Guillemette, trouver rapidement une parade, mais laquelle ?

RÉFLÉCHIR

DRAMATURGIE : une farce dans la farce

1. Pourquoi cette scène, la plus longue, se trouve-t-elle au milieu de la pièce ?
2. Quelles en sont les différentes parties ?
3. Pourquoi Pathelin parle-t-il de plus en plus ?
4. Les personnages se déplacent-ils sur la scène ?

PERSONNAGES : un couple diabolique

5. Quel est le rôle de Guillemette ? Montrez sa complicité avec Pathelin.
6. Quelles sont les réactions successives du drapier ?

REGISTRES ET TONALITÉS : un feu d'artifice verbal

7. Quelles sont les langues utilisées par Pathelin ? Ont-elles un sens ? Que nous révèlent-elles sur sa culture ?
8. À qui s'adresse Pathelin dans les différents passages en langue étrangère ? Le drapier et les spectateurs peuvent-ils les comprendre ? Quelle est, selon vous, leur fonction ?

SOCIÉTÉ : la religion malmenée

9. Relevez, en les classant, les termes qui appartiennent au champ lexical de la religion (insultes, jurons, allusions au culte, au clergé, invocations à Dieu, au Diable, etc.).
10. Comment la religion est-elle présentée dans cette scène ? Que pensez-vous de la « fausse mort » de Pathelin ?

DIRE

11. Un spectateur s'étonne : pourquoi ne pas faire de cette scène une farce à part entière ? Imaginez la réponse que pourrait donner l'auteur.

ÉCRIRE

12. Guillemette raconte la scène à une voisine. Rédigez ce récit en quelques paragraphes.

SCÈNE 6. PATHELIN, GUILLEMETTE.

PATHELIN. Allons ! Vous ai-je donné une belle leçon ? Il s'en va donc, le beau Guillaume. Dieu ! Qu'il a plein de menues conclusions[1] sous son bonnet ! Il lui en viendra bien des visions, la nuit, quand il sera couché.

GUILLEMETTE. Comme il a été mouché[2] ! N'ai-je pas bien joué mon rôle ?

PATHELIN. Par le Corps de Dieu, à dire le vrai, vous vous êtes très bien débrouillée. En tout cas, nous avons récupéré assez d'étoffe pour faire des habits.

SCÈNE 7. LE DRAPIER, *devant son étal.*

LE DRAPIER. Quoi ? Diable, chacune m'abreuve de mensonges, chacun emporte mes biens et prend ce qu'il peut attraper. Je suis bien le roi des idiots ; même les bergers des champs me roulent. Maintenant, le mien, à qui j'ai toujours fait du bien, il ne m'a pas dupé pour rien : il faudra qu'il se mette à genoux[3], par la Vierge couronnée !

1. **Conclusions :** arguments qu'une des parties, à la fin d'un procès, dépose auprès du juge ou de son adversaire.
2. **Mouché :** remis à sa place.
3. **Qu'il se mette à genoux :** qu'il soit forcé à comparaître en justice.

SITUER

Le drapier s'enfuit, convaincu d'avoir affaire au Diable, tandis que Pathelin et Guillemette se réjouissent. Pour eux, tout est bien qui finit bien.

RÉFLÉCHIR

DRAMATURGIE : la fin d'une farce

1. Quel est le rôle de ces deux brèves scènes après le long épisode du délire ? Que retiennent Pathelin et Guillemette de leur farce ?

2. La pièce pourrait-elle s'arrêter là ? Pourquoi ?

PERSONNAGES : vaincu et vainqueurs

3. Quelle est la réaction du drapier ? Le spectateur se laisse-t-il attendrir par son échec ?

4. Relevez les termes qui suggèrent la fierté de Pathelin et de Guillemette. Leur réaction est-elle proportionnée à la ruse qu'ils viennent de déployer ?

5. La conclusion de l'épisode est-elle morale ? Pourquoi fait-elle rire ?

MISE EN SCÈNE : chacun chez soi

6. Où se trouvent les personnages ? Pourquoi est-il important de mettre à nouveau le drapier à l'écart du couple ?

ÉCRIRE

7. Imaginez le dialogue d'un Pathelin et d'une Guillemette qui, plus soucieux de se vanter, mettent en valeur leurs mérites.

DRAMATURGIE : le délire de Pathelin

L'acte II est centré autour du délire de Pathelin, véritable explosion verbale qui constitue le moment comique le plus intense de la pièce.

1. Étudiez comment est préparée la scène 5 dans les scènes précédentes.

2. À lui seul, l'acte II peut former une pièce à part entière. Montrez sa progression jusqu'au dénouement final en soulignant les rebondissements.

3. Étudiez les déplacements des personnages d'une scène à l'autre. Qui se trouve parfois isolé et prononce un monologue ? Pourquoi ?

PERSONNAGES : un trompeur au sommet de son art

Le personnage central de cet acte est de toute évidence Pathelin. Il apparaît, avec la complicité de Guillemette, comme le modèle du rusé habile et provocateur, mais le drapier, même s'il est dupé, gagne aussi en épaisseur.

4. Par rapport à l'acte précédent, quels sont les nouveaux talents de Pathelin et Guillemette ?

5. En quoi Guillemette est-elle la complice idéale ?

6. Quels traits de caractère du drapier cet acte permet-il de mettre en valeur ?

REGISTRES ET TONALITÉS : la fête du langage

Lors du délire de Pathelin, l'auteur fait éclater les cadres ordinaires du langage avec une virtuosité géniale. Mais il ne néglige pas les autres formes de comique (jeux de mots et de scène).

7. Montrez en quoi le délire de Pathelin est déjà préparé dans les scènes précédentes par son maniement des jargons et des injures.

8. Relevez les scènes où réapparaissent les mêmes personnages. Quel effet cela produit-il sur le spectateur ? Quelle progression y a-t-il de l'une à l'autre ?

MISE EN SCÈNE : le dispositif scénique

9. Étudiez le parti que tire l'auteur du dispositif scénique propre au théâtre médiéval (plusieurs lieux distincts sur une même scène). Que traduisent en particulier les déplacements du drapier ?

ÉCRIRE

10. Le drapier sort abattu de sa journée. Il essaie de faire le point, se remettant difficilement de ses émotions. Imaginez son monologue.

ACTE III

Décor : d'un côté, la maison de Pathelin ;
de l'autre, la salle d'audience.

SCÈNE PREMIÈRE. LE DRAPIER, THIBAUT L'AGNELET

THIBAUT L'AGNELET, *berger.* Que Dieu bénisse votre journée et votre soirée, mon doux seigneur !

LE DRAPIER. Ah, te voilà, truand de merde ! Quel bon serviteur ! Mais pour faire quoi ?

LE BERGER. Sans vouloir vous déplaire, je ne sais quel personnage en habit rayé, mon bon seigneur, tout énervé, qui tenait un fouet sans corde[1], m'a dit... Mais je ne me souviens pas bien, à vrai dire, de quoi il peut s'agir. Il m'a parlé de vous, mon bon maître, pour je ne sais quelle assignation[2]. Pour ma part, par sainte Marie, je n'y comprends absolument rien. Il m'a embrouillé dans un mélange de « brebis », « à... de l'après-midi », et il a fait contre moi, de votre part, mon maître, une grande levée de boucliers[3].

LE DRAPIER. Si je ne réussis pas à te traîner sur-le-champ devant le juge, je prie Dieu que le déluge tombe sur moi, avec la tempête ! Jamais tu n'assommeras plus de bête, par ma foi, sans qu'il t'en souvienne. Tu me paieras, quoi qu'il arrive, six aunes... je veux dire, l'abattage de mes bêtes et le dommage que tu m'as causé depuis dix ans.

LE BERGER. Ne croyez pas les médisants, mon bon seigneur, car, par mon âme...

LE DRAPIER. Eh bien, par la Dame que l'on invoque, tu les paieras samedi, mes six aunes d'étoffe... je veux dire ce que tu as pris sur mes bêtes.

---

1. Description comique de l'huissier chargé de porter les messages de la justice : il avait une baguette (le « fouet sans corde ») qui symbolisait son autorité.
2. **Assignation :** convocation à se présenter devant le tribunal.
3. **Levée de boucliers** (sens figuré) **:** une démonstration d'opposition.

LE BERGER. Quelle étoffe ? Ha, mon seigneur, vous êtes, je crois, fâché pour autre chose. Par saint Loup[1], mon maître, je n'ose rien dire quand je vous regarde !

LE DRAPIER. Fiche-moi la paix et réponds à ton assignation, si bon te semble.

LE BERGER. Mon seigneur, arrangeons-nous ensemble, pour Dieu, pour que je n'aie pas à plaider !

LE DRAPIER. Va ! Ton affaire est très claire. Va-t'en, je ne ferai aucun accord, par Dieu, ni aucun accommodement autre que ce qu'en décidera le juge. Non mais ! Chacun me trompera désormais si je n'y mets pas bon ordre !

LE BERGER. Adieu, monsieur, qu'il vous donne de la joie. *(seul)* Il faut donc que je me défende.

SCÈNE 2. PATHELIN, GUILLEMETTE, LE BERGER.

LE BERGER, *qui frappe à la porte de Pathelin.* Y a-t-il quelqu'un ?

PATHELIN, *à voix basse.* Qu'on me pende par la gorge, si ce n'est pas lui qui revient !

GUILLEMETTE, *à voix basse aussi.* Non, ce n'est pas lui, par le grand saint Georges, ce serait bien la pire chose.

LE BERGER. Que Dieu soit présent parmi vous !

PATHELIN. Dieu te garde, camarade ! Que te faut-il ?

LE BERGER. On me prendra en défaut[2] si je ne réponds pas à l'assignation, mon seigneur, à... je ne sais quelle heure de l'après-midi, et s'il vous plaît, vous y viendrez, mon cher maître, et vous défendrez ma cause, car je n'y connais rien, et je vous paierai très largement, bien que je sois mal habillé.

PATHELIN. Approche donc et parle. Qu'es-tu, le demandeur ou le défenseur[3] ?

---

1. Saint patron des bergers. Il est aussi censé guérir de l'épilepsie, mal qui fait perdre le contrôle de soi et serait ainsi à mettre en relation avec la colère du drapier.
2. **On me prendra en défaut :** on me reprochera mon absence.
3. **Le demandeur :** le plaignant. **Le défenseur :** l'accusé.

SITUER

Alors que le drapier constate amèrement son échec, voilà qu'entre en scène le berger Thibaut l'Agnelet, qu'il accable de reproches. Qu'a donc fait ce nouveau personnage pour mériter pareille colère ?

RÉFLÉCHIR

DRAMATURGIE : d'une intrigue à l'autre

1. Quel est le lien entre l'acte II et l'acte III ? Où se passe l'action ?
2. Quelles informations cette première scène apporte-t-elle ?
3. En quoi annonce-t-elle la suite, en particulier le retour de Pathelin ?

PERSONNAGES : une même victime, un nouveau trompeur ?

4. Comment le drapier se présente-t-il ? Quel accueil réserve-t-il à Thibaut ?
5. Le berger est traditionnellement un sot dans les farces. Montrez qu'il est plus habile et moins naïf qu'il ne veut le faire croire au drapier.

REGISTRES ET TONALITÉS : comique et confusion

6. Étudiez comment le drapier mêle les deux affaires. Quel effet cela produit-il ?
7. Par quels moyens le berger se moque-t-il de son maître ? En quoi maîtrise-t-il le langage ?
8. De qui le spectateur est-il complice ?

SOCIÉTÉ : maître et serviteur

9. Relevez les termes par lesquels chacun des personnages s'adresse à l'autre. Quelles relations s'y révèlent ?
10. Étudiez les termes juridiques utilisés. Comment l'homme de loi est-il représenté ? Qu'attend le drapier de la justice ?

ÉCRIRE

11. Le drapier se plaint auprès de sa femme des malheurs que lui cause le berger. Rédigez son récit.
12. Imaginez un drapier plus maître de lui et un berger moins rusé. Réécrivez la scène dans ce sens.

LE BERGER. J'ai affaire à un malin, comprenez-vous bien, mon cher maître ; j'ai longtemps mené paître ses brebis et, pour lui, je les lui gardais. Ma foi, je voyais bien qu'il me payait peu. Faut-il tout dire ?

PATHELIN. Dame, certainement. À son conseiller on doit tout dire.

LE BERGER. Il est vraiment vrai, monsieur, que je les ai assommées, de telle sorte que plusieurs se sont évanouies plus d'une fois et sont tombées raides mortes, même si elles étaient saines et fortes ; et ensuite, je lui faisais croire, pour qu'il ne puisse pas me faire de reproches, qu'elles mouraient de la clavelée[1]. « Ah, faisait-il, ne la mêle plus avec les autres ; jette-la. » – « Volontiers », répondais-je ; mais cela se faisait par un autre moyen, car, par saint Jean, je les mangeais, moi qui connaissais bien leur maladie. Que voulez-vous que je vous dise ? J'ai tant continué ce manège, j'en ai tant assommé et tué qu'il s'en est bien aperçu. Et quand il a découvert qu'il était trompé, mon Dieu, il m'a fait surveiller, car on les entend crier bien fort, vous me comprenez, quand on le fait. J'ai donc été pris sur le fait, je ne peux pas le nier. Aussi je voudrais vous prier – de mon côté, j'ai assez d'argent – que nous deux, nous le prenions de court. Je sais bien que sa cause est bonne, mais vous trouverez bien une disposition, si vous le voulez, qui la rendra mauvaise.

PATHELIN. Par ma foi, tu en seras bien aise ! Que me donneras-tu si je renverse le bon droit de la partie adverse et si l'on te renvoie absous[2] ?

LE BERGER. Je ne vous paierai pas en sous, mais en bel écu d'or à la couronne[3].

PATHELIN. Donc ta cause sera bonne, même si elle était deux fois pire : plus elle est solide et plus vite je la démolis quand je veux m'en donner du mal. Comme tu vas

1. **Clavelée :** maladie contagieuse qui atteint les moutons.
2. **Absous :** non condamné.
3. Il s'agit, contrairement à la petite monnaie, d'une valeur sûre (voir notes 5 et 7 p. 23).

m'entendre faire un beau cliquetis de paroles quand il aura déposé sa plainte ! Avance donc, que je te demande... Par le précieux saint sang de Dieu, tu es assez malicieux pour bien comprendre la ruse... Comment est-ce qu'on t'appelle ?

LE BERGER. Par saint Maur, Thibaut l'Agnelet.

PATHELIN. L'Agnelet, tu lui as chipé bien des agneaux de lait à ton maître ?

LE BERGER. Par ma foi, il se peut bien que j'en aie mangé plus de trente en trois ans.

PATHELIN. C'est une rente de dix par an pour payer tes dés et ta chandelle[1] ! Je crois que je vais lui faire avaler n'importe quoi. Penses-tu qu'il puisse trouver sur-le-champ des témoins pour prouver les faits ? C'est le point capital de l'affaire.

LE BERGER. Prouver, monsieur ? Sainte Marie, par tous les saints du Paradis, il n'en trouvera pas un mais dix pour déposer contre moi !

PATHELIN. C'est un point qui nuit beaucoup à ta cause... Voici à quoi je pensais. *(Pathelin réfléchit.)* Je ne montrerai pas que je suis de ton côté ou que je t'ai déjà vu.

LE BERGER. Vous ne le montrerez pas, par Dieu ?

PATHELIN. Non, pas du tout. Mais voici ce qu'il faudra faire. Si tu parles, on te coincera à chaque coup sur les différents points, et dans de tels cas, les aveux sont très préjudiciables et font un tort du diable. Pour cette raison, voici ce qu'il y aura à faire : dès le moment où on t'appellera pour comparaître en jugement, tu ne répondras rien d'autre que « bée », quoi qu'on te dise. Et, s'il arrive qu'on te maudisse en disant : « Hé ! Connard puant ! Que Dieu vous accable de malheur ! Truand, vous moquez-vous de la justice ? », dis : « Bée » – « Ah, dirai-je, il est simple d'esprit ; il s'imagine parler à ses bêtes. » Mais, même s'ils devaient se briser la tête, ne laisse sortir aucun autre mot de ta bouche ; fais-y bien attention !

1. Dans les tavernes, on devait payer pour emprunter les dés ainsi que pour la chandelle qui éclairait le jeu.

LE BERGER. C'est dans mon intérêt. J'y ferai vraiment attention et j'agirai comme il faut. Je vous le promets et je vous le jure.

PATHELIN. Fais bien attention. Reste ferme. Même à moi, quoi que je puisse te dire ou te proposer, ne me réponds pas autrement.

LE BERGER. Moi ? Non, par ma foi ! Dites franchement que je deviens fou si, aujourd'hui, je dis autre chose, à vous ou à quelqu'un d'autre, que le « bée » que vous m'avez appris, quel que soit le nom dont on me traite.

PATHELIN. Par saint Jean, ton adversaire sera ainsi attrapé par nos grimaces. Mais fais aussi en sorte que je sois satisfait, quand l'affaire sera finie, de tes honoraires.

LE BERGER. Mon seigneur, si je ne vous paie pas selon votre mot[1], ne me faites plus jamais crédit ; mais je vous en prie, occupez-vous sans tarder de mon affaire.

PATHELIN. Par Notre Dame de Boulogne[2], je pense que le juge est en train de siéger, car il siège tous les jours à six heures, ou à peu près. Allons suis-moi de loin, nous ne ferons pas le chemin tous les deux ensemble.

LE BERGER. C'est bien dit : ainsi on ne verra pas que vous êtes mon avocat.

PATHELIN. Notre Dame, gare à toi si tu ne paies pas largement.

LE BERGER. Dieu, selon votre mot, vraiment, mon seigneur, n'ayez aucune crainte.

Le berger s'éloigne.

PATHELIN, *seul.* Que diable ! S'il ne pleut pas, il tombe des gouttes[3] : j'en tirerai au moins quelque chose. J'aurai de lui, si tout se passe bien, un écu ou deux pour ma peine.

1. Expression ambiguë : le berger entend par **mot** le « bée » qui vient de lui être enseigné, tandis que, pour Pathelin, **mot** signifie le prix fixé par le vendeur ou l'acheteur.
2. On l'invoque en remerciement d'une faveur.
3. Si on ne fait pas fortune, on gagnera toujours un petit quelque-chose.

SITUER

Assigné à comparaître devant le juge, le berger a besoin d'un avocat. Pathelin est tout trouvé. Mais il faut encore le convaincre de prendre l'affaire en main...

RÉFLÉCHIR

DRAMATURGIE : des intrigues emmêlées

1. Où se passe la scène ? Quel est le décor ?
2. Quelles sont les allusions à l'acte précédent ? Quelles informations nouvelles cette scène apporte-t-elle ?
3. Distinguez les différents moments qui la composent.

PERSONNAGES : l'alliance des trompeurs

4. Montrez que le berger sait ce qu'il veut. Relevez dans ses propos les allusions à sa richesse : pourquoi insiste-t-il tant sur ce sujet ?
5. Quelles sont les réactions de Pathelin au fur et à mesure du déroulement de la scène ?
6. Montrez que les deux personnages sont loin de se faire entière confiance.
7. Pourquoi Guillemette n'intervient-elle qu'une seule fois ?

SOCIÉTÉ : l'avocat et son client

8. Quels liens unissent l'avocat à son client ?
9. Étudiez le champ lexical de la justice et expliquez pourquoi il est si bien représenté.

REGISTRES ET TONALITÉS : farces et attrapes

10. Pourquoi la scène avec le juge est-elle préparée et jouée avec autant de précisions ?
11. À quoi sert, selon vous, l'onomatopée « bée », que l'on trouve déjà à plusieurs reprises ? Est-elle bien choisie pour une scène de farce ?

DIRE

12. Les deux personnages sont l'un et l'autre fort rusés, et le savent. Que pensent-ils au fond l'un de l'autre ?

ÉCRIRE

13. Guillemette observe la scène, qu'elle raconte ensuite à une amie en faisant un portrait comique du berger. Rédigez ce portrait.

SCÈNE 3. PATHELIN, LE BERGER, LE DRAPIER, LE JUGE.

La scène se passe au tribunal.

PATHELIN, *saluant le juge en ôtant son chapeau.* Monsieur, que Dieu vous accorde de la chance et tout ce que votre cœur désire !

LE JUGE. Soyez le bienvenu, monsieur. Couvrez-vous donc et prenez place là.

PATHELIN, *restant debout à l'écart.* Là, je suis bien comme ça, si vous me le permettez. Je suis ici plus à mon aise.

LE JUGE. S'il y a quelque affaire, qu'on l'expédie vite, afin que je lève la séance !

LE DRAPIER. Mon avocat arrive ; il termine une petite chose qu'il était en train de faire, mon seigneur, et, s'il vous plaisait, vous feriez bien de l'attendre.

LE JUGE. Hé, diable ! J'ai affaire ailleurs ! Si la partie adverse est présente, expliquez-vous sans plus attendre. N'êtes-vous pas le plaignant ?

LE DRAPIER. Si, c'est moi.

LE JUGE. Où est l'accusé ? Est-il ici présent en personne ?

LE DRAPIER. Oui, voyez-le là-bas qui ne dit mot, mais Dieu sait ce qu'il en pense !

LE JUGE. Puisque vous êtes présents tous les deux, formulez votre plainte.

LE DRAPIER. Voici donc ce dont je me plains. Mon seigneur, c'est la vérité que, au nom de Dieu et par charité, je l'ai élevé pendant son enfance, et quand j'ai vu qu'il était en âge d'aller aux champs, pour aller vite, j'ai fait de lui mon berger et l'ai mis à garder mes bêtes. Mais, aussi vrai que vous êtes assis là, monseigneur le juge, il a fait un tel carnage de mes brebis et de mes moutons que sans faute…

LE JUGE. Mais voyons ! Était-il bien votre salarié ?

PATHELIN. Oui, car s'il s'était amusé à les garder sans salaire…

LE DRAPIER, *reconnaissant Pathelin.* Que je renie Dieu si ce n'est pas vous, vous sans faute !

LE JUGE, *voyant que Pathelin met sa main devant son visage.* Comme vous tenez haut votre main ! Avez-vous mal aux dents, maître Pierre ?

PATHELIN. Oui, elles me tracassent tellement que jamais je n'ai senti une telle rage ; je n'ose lever la tête. Par Dieu, faites-le continuer.

LE JUGE. Allons, finissez votre plainte. Vite, concluez clairement.

LE DRAPIER. C'est lui et personne d'autre, vraiment, par la croix où Dieu fut étendu ! C'est à vous que j'ai vendu six aunes d'étoffe, maître Pierre.

LE JUGE. Que raconte-t-il avec son étoffe ?

PATHELIN. Il divague : il s'imagine en venir à son sujet et il ne sait plus y arriver, parce qu'il ne l'a pas appris.

LE DRAPIER. Que je sois pendu si c'est un autre qui me l'a prise, mon étoffe, bon sang !

PATHELIN. Comme le malheureux va chercher loin pour argumenter sa requête ! Il veut dire – quel maladroit ! – que son berger avait vendu la laine – c'est ce que j'ai compris – dont a été faite l'étoffe de mon habit, comme s'il disait qu'il le vole et qu'il lui a volé les laines de ses brebis.

LE DRAPIER. Que Dieu m'envoie une semaine de malheurs si vous ne l'avez !

LE JUGE. Silence ! Par le diable, vous bavardez ! Ne pouvez-vous donc pas revenir à votre propos, sans retenir la cour avec de tels bavardages ?

PATHELIN. J'ai mal et il faut que je rie ! Il est déjà si empêtré qu'il ne sait où il en est resté : il faut que nous le ramenions à son sujet.

LE JUGE. Allons, revenons à ces moutons ; que leur est-il arrivé ?

LE DRAPIER. Il en a pris six aunes pour neuf francs.

LE JUGE. Sommes-nous des imbéciles ou des idiots ? Où croyez-vous être ?

PATHELIN. Palsambleu, il se moque de vous ! Qu'il a la mine d'un brave homme ! Mais je conseille qu'on questionne un peu sa partie adverse.

LE JUGE. Vous avez raison. *(en aparté)* Il le fréquente : il ne peut pas ne pas le connaître. *(Il s'adresse au berger.)* Approche donc ! Parle !

LE BERGER. Bée !

LE JUGE. C'est trop fort ! Qu'est-ce que ce « bée » ? Suis-je une chèvre ? Réponds-moi.

LE BERGER. Bée !

LE JUGE. Que Dieu te donne une sanglante fièvre ! Te moques-tu donc ?

PATHELIN. Croyez qu'il est fou ou entêté ou bien qu'il s'imagine être avec ses bêtes.

LE DRAPIER, *à Pathelin.* Oui, je renie Dieu si vous n'êtes pas celui-là même, et personne d'autre, qui l'avez eue, mon étoffe ! *(au juge)* Ah, vous ne savez pas, mon seigneur, par quelle malice…

LE JUGE. Mais taisez-vous ! Êtes-vous stupide ? Laissez tomber ce détail et venons-en à l'essentiel.

LE DRAPIER. Oui, mon seigneur, mais l'affaire me concerne. Toutefois, par ma foi, ma bouche n'en dira plus un seul mot de la journée. Une autre fois, il en ira comme il pourra. Il faut que j'avale la pilule sans la croquer[1]. Je disais donc, dans ma requête, comment j'avais donné six aunes… je veux dire, mes brebis…. Je vous en prie, monsieur, excusez-moi : ce gentil maître… Mon berger, quand il devait se trouver aux champs… Il me dit que j'aurais six écus d'or quand je viendrais… Je veux dire qu'il y a trois ans de ça mon berger s'engagea à garder loyalement mes brebis et à ne me faire ni dommage ni

1. **Que j'avale la pilule sans la croquer :** que j'accepte sans rien dire.

vilain tour et puis… Maintenant, il me nie tout, et l'étoffe et l'argent. Ah ! Maître Pierre, vraiment… Ce truand-ci me volait les laines de mes bêtes, et, même si elles étaient saines, il les faisait mourir et périr en les assommant et en les frappant avec de gros coups de bâton sur le crâne… Quand mon étoffe fut sous son aisselle, il se mit rapidement en chemin et me dit de venir chez lui chercher les six écus d'or.

LE JUGE. Il n'y a ni rime ni raison dans tout ce que vous rabâchez. Qu'est-ce que c'est ? Vous emmêlez une chose avec une autre ! Finalement, palsambleu, je n'y vois goutte : il s'embrouille avec l'étoffe et puis babille de brebis, à tort et à travers ! Rien de ce qu'il dit ne tient debout.

PATHELIN. Pour ma part, je suis sûr qu'il retient au pauvre berger son salaire.

LE DRAPIER. Par Dieu, vous feriez mieux de vous taire ! Mon étoffe, aussi vrai que la messe… Je sais mieux où le bât me blesse que vous-même ou qu'un autre. Par la tête de Dieu, vous l'avez !

LE JUGE. Qu'est-ce qu'il a ?

LE DRAPIER. Rien, mon seigneur. Par mon serment, c'est le plus grand trompeur… Holà ! Je me tairai, si je peux, et je n'en parlerai plus aujourd'hui, quoi qu'il arrive.

LE JUGE. Hé, non ! Mais souvenez-vous-en ! Allez, concluez clairement.

PATHELIN. Ce berger ne peut nullement répondre aux accusations qu'on lui adresse s'il n'a pas un conseiller, et il n'ose ou il ne sait en demander. S'il vous plaisait de m'ordonner que je l'assiste, je le ferais.

LE JUGE. L'assister, lui ? Ce serait, j'imagine, une bien mauvaise affaire : c'est Sans-le-Sou[1].

PATHELIN. Moi, je vous jure que je ne veux rien obtenir de lui : que ce soit pour l'amour de Dieu ! Je vais donc

1. Dans le texte original, *Peu d'Aquest* désigne un personnage de farce représentant le pauvre.

apprendre du pauvret ce qu'il voudra me dire et s'il saura m'informer pour répondre aux accusations de son adversaire. Il aurait du mal à s'en sortir si personne ne venait à son secours. *(s'adressant au berger)* Avance, mon ami. Si on pouvait trouver.... Tu comprends ?

LE BERGER. Bée !

PATHELIN. Quoi « bée » ? Diable, par le saint sang que Dieu versa, es-tu fou ? Dis-moi ton affaire.

LE BERGER. Bée !

PATHELIN. Quoi « bée » ? Entends-tu tes brebis bêler ? C'est pour ton bien, comprends-le.

LE BERGER. Bée !

PATHELIN. Réponds oui ou non. *(à voix basse)* Très bien ! Continue ! *(à voix haute)* Parle donc !

LE BERGER. Bée !

PATHELIN. Plus fort ! Ou tu vas le payer cher, je le crains.

LE BERGER. Bée !

PATHELIN. Il faut être encore plus fou qu'un fou véritable pour lui faire un procès. Ah ! Monsieur, renvoyez-le à ses brebis : il est fou de naissance.

LE DRAPIER. Il est fou ? Par le saint Sauveur des Asturies[1] il est plus sage que vous.

PATHELIN. Envoyez-le garder ses bêtes, sans nouvelle assignation, et qu'il ne revienne jamais. Maudit soit celui qui assigne de tels fous ou les fait assigner !

LE DRAPIER. Le fera-t-on se retourner avant que je puisse être entendu ?

LE JUGE. Mon Dieu, puisqu'il est fou, oui. Pourquoi pas ?

LE DRAPIER. Hé, diable ! Monsieur, au moins laissez-moi auparavant dire et présenter mes conclusions : ce ne sont pas des mensonges que je vous dis, ni des moqueries.

1. Région du Nord de l'Espagne.

LE JUGE. On n'a que des tracasseries à plaider contre des fous et des folles. Écoutez : en peu de mots, la cour ne siégera plus.

LE DRAPIER. Partiront-ils sans être obligés de revenir ?

LE JUGE. Et quoi donc ?

PATHELIN. Revenir ? *(au juge)* Vous n'avez jamais vu plus fou : ne lui répondez pas. Quant à l'autre, il ne vaut pas une once de plus : tous deux sont fous et n'ont rien dans la cervelle. Par sainte Marie la belle, à eux deux, ils n'en ont pas un carat ![1]

LE DRAPIER. Vous l'avez emportée par tromperie, mon étoffe, sans payer, maître Pierre. Parbleu, pauvre pêcheur que je suis ! Ce n'était pas agir en honnête homme.

PATHELIN. Que je renie saint Pierre de Rome s'il n'est pas complètement fou ou sur le point de le devenir !

LE DRAPIER. Je vous reconnais à la parole, au vêtement et au visage. Je ne suis pas fou, j'ai suffisamment de raison pour reconnaître qui me fait du bien. *(s'adressant au juge)* Je vous raconterai toute l'affaire, mon seigneur, en mon âme et conscience.

PATHELIN, *au juge.* Hé, monsieur ! Imposez-leur le silence. *(au drapier)* N'avez-vous pas honte de tant discuter avec ce berger pour trois ou quatre antiquailles[2] de brebis ou de moutons qui ne valent pas un clou ? Il en fait une kyrielle plus longue[3].

LE DRAPIER. Quels moutons ? C'est toujours le même refrain ! C'est à vous seul que je parle et vous me la rendrez, par le Dieu qui voulut naître à Noël !

LE JUGE. Vous voyez ? Me voici bien loti ! Il ne va pas cesser de brailler aujourd'hui.

LE DRAPIER. Je lui demande…

1. **Carat :** très petite unité de masse, qui sert d'étalon aux joailliers.
2. **Antiquailles :** vieilleries.
3. **Kyrielle :** longue suite de paroles.

PATHELIN. Faites-le taire ! Hé ! Par Dieu, c'est trop de bavardages ! Admettons qu'il en ait tué six ou sept, ou une douzaine, et qu'il les ait mangés, la bonne affaire ! Vous en êtes bien lésé ! Vous avez gagné bien plus pendant qu'il vous les a gardés.

LE DRAPIER. Regardez, monsieur, regardez, je lui parle étoffe et il répond moutons ! Ces six aunes d'étoffe, où sont-elles, celles que vous avez mises sous vos aisselles ? Ne pensez-vous pas me les rendre ?

PATHELIN. Ah, monsieur, le ferez-vous pendre pour six ou sept bêtes à laine ? Au moins, reprenez votre souffle, ne soyez pas si sévère pour le malheureux berger qui est nu comme un ver.

LE DRAPIER. Quel habile changement de sujet ! C'est le diable qui m'a fait vendre de l'étoffe à un tel roublard ! Diable, mon seigneur, je lui demande…

LE JUGE. Je l'absous de votre plainte et je vous défends de poursuivre le procès. Quel bel honneur que de plaider contre un fou ! *(s'adressant au berger)* Retourne à tes bêtes.

LE BERGER. Bée.

LE JUGE, *s'adressant au drapier.* Vous montrez bien ce que vous êtes, monsieur, par le sang de Notre Dame !

LE DRAPIER. Hé ! Diable ! Mon seigneur, par mon âme, je veux lui…

PATHELIN. Ne pourrait-il se taire ?

LE DRAPIER. Mais c'est à vous que j'ai affaire : vous m'avez trompé par fausseté et vous avez emporté furtivement mon étoffe grâce à vos belles paroles.

PATHELIN. Ho ! J'en appelle à ma conscience ! Et vous, écoutez-le bien, mon seigneur !

LE DRAPIER. Vous êtes le plus grand trompeur.

(au juge) Mon seigneur, que je vous dise…

LE JUGE. C'est une vraie farce que vous jouez tous les deux : quel raffût ! Par Dieu, je suis d'avis de m'en aller. Va

SITUER

Les personnages sont en place, les stratégies de défense et d'accusation mises au point : tout est prêt pour que le procès puisse avoir lieu. Se déroulera-t-il selon le souhait de chacun des participants ?

RÉFLÉCHIR

DRAMATURGIE : les deux intrigues réunies

1. En quoi cette scène prolonge-t-elle les précédentes et est-elle ainsi liée à l'acte II ?
2. Par quels arguments Pathelin fait-il avancer le débat ?

PERSONNAGES : tromperies sous l'œil d'un juge pressé

3. Le drapier est-il toujours honnête dans ses propos ? Comment réagit-il quand il reconnaît Pathelin ? En quoi cela détermine-t-il la suite de la scène ?
4. Quelle est la première réaction de Pathelin quand le drapier l'identifie comme son voleur ? Montrez qu'il reprend rapidement la situation en main.
5. En quoi le berger est-il un élève digne de Pathelin ?

REGISTRES ET TONALITÉS : le comique de situation

6. Comment s'installe peu à peu la confusion dans les répliques du drapier ? Analysez en particulier sa grande tirade (l. 90-106).

SOCIÉTÉ : le cours de la justice

7. Étudiez le champ lexical de la justice et du droit.
8. Quelles sont les étapes du procès ? Que pensez-vous de sa fin ?
9. L'attitude du juge vous paraît-elle juste ? Comment comprendre sa dernière réplique, adressée à Pathelin ?

MISE EN SCÈNE : mise en place et gestuelle des personnages

10. Où se passe la scène ? Comment les personnages sont-ils placés ?
11. Étudiez les gestes des différents personnages en relevant toutes les indications données par les didascalies ou par les répliques.

DIRE

12. Imaginez comment Pathelin réagirait si le drapier restait maître de lui-même.

ÉCRIRE

13. Au lieu d'un juge pressé d'en finir, c'est un juge patient et soupçonneux qui mène le procès. Réécrivez la partie de la scène où le drapier reconnaît Pathelin.

t'en, mon ami ; ne reviens jamais même si un sergent te convoque. La cour t'absout, le comprends-tu ?

PATHELIN. Dis : « Grand merci ! »

LE BERGER. Bée.

LE JUGE. Je dis bien : va-t'en, ne t'inquiète pas, ce n'est pas la peine.

LE DRAPIER. Mais est-il normal qu'il s'en aille ainsi ?

LE JUGE. Hé ! J'ai affaire ailleurs. Vous vous moquez vraiment trop du monde ; vous ne me ferez plus siéger ici, je m'en vais. Voulez-vous venir souper avec moi, maître Pierre ?

PATHELIN. Je ne puis.

SCÈNE 4. LE DRAPIER, PATHELIN, LE BERGER.

LE DRAPIER. Ah ! Sacré voleur ! Dites, est-ce que je serai payé ?

PATHELIN. De quoi ? Êtes-vous dérangé ? Mais qui croyez-vous que je sois ? Par mon propre sang, je me demande pour qui donc vous me prenez.

LE DRAPIER. Bée, diable !

PATHELIN. Cher monsieur, écoutez donc ! Je vais vous dire, sans plus attendre, pour qui vous vous imaginez me prendre : n'est-ce pas pour l'Écervelé ? *(Il retire son chapeau.)* Regarde, non, pas du tout : il n'est pas chauve comme moi, au-dessus de la tête.

LE DRAPIER. Voulez-vous me prendre pour un imbécile ? C'est vous en personne, vous, oui, vous ! C'est bien le son de votre voix et n'imaginez pas autre chose.

PATHELIN. Moi, vraiment moi ? Non, pas du tout ; laissez tomber cette idée. Ne serait-ce pas Jean de Noyon[1] ? Il a la même taille que moi.

1. Personnage de sot.

SITUER

Le procès s'est achevé au détriment du drapier et à l'avantage des deux trompeurs. Le drapier est une seconde fois berné. Comment va-t-il réagir ?

RÉFLÉCHIR

DRAMATURGIE : le prolongement du procès

1. En quoi cette scène prolonge-t-elle la précédente ? Quel en est le décor ?
2. Quelles sont les répliques les plus longues ? Qui a le dernier mot ?
3. Selon vous, quels gestes les personnages font-ils ?

PERSONNAGES : la pleine victoire de maître Pathelin

4. Pourquoi le berger, qui est présent, reste-t-il silencieux ? Son attitude vous surprend-elle ?
5. Quel portrait le drapier brosse-t-il de Pathelin ? Est-il conforme à la bonne réputation que se donne l'avocat ?
6. Le drapier vous semble-t-il avoir retrouvé tous ses esprits ?

REGISTRES ET TONALITÉS : les ressources du langage

7. Quel ton Pathelin adopte-t-il à l'égard du drapier ? Montrez comment, plus que jamais, il se moque de lui.
8. Étudiez les termes qui se rapportent au langage. Pourquoi la maîtrise du langage par Pathelin au détriment du drapier a-t-elle un effet comique ?

ÉCRIRE

9. Le juge assiste en secret au dialogue entre Pathelin et le drapier. Comment réagit-il ? Imaginez et écrivez cette nouvelle scène.

LE DRAPIER. Hé ! Diable, il n'a pas le visage si aviné[1] ni si blême ! Ne vous ai-je pas laissé malade tout à l'heure dans votre maison ?

PATHELIN. Ah ! Que voici un bon argument ! Malade ! En quelle maladie ? Avouez votre bêtise : maintenant, elle est bien claire !

LE DRAPIER. C'est vous, ou je renie saint Pierre, vous et personne d'autre, je le sais bien, c'est la pure vérité !

PATHELIN. N'en croyez rien, car ce n'est certainement pas moi. Je ne vous ai jamais pris une aune ou la moitié d'une aune : je n'ai pas cette réputation.

LE DRAPIER. Ah ! Je vais voir chez vous, palsambleu, si vous y êtes. Nous ne nous casserons plus la tête ici si je vous trouve là-bas.

PATHELIN. Par Notre Dame, c'est cela ! De cette manière, vous le saurez bien. *(s'approchant du berger)* Dis, Agnelet.

SCÈNE 5. PATHELIN, LE BERGER.

LE BERGER. Bée !

PATHELIN. Approche, viens. Ton affaire est-elle bien réglée ?

LE BERGER. Bée !

PATHELIN. La partie adverse s'est retirée : ne dis plus « bée », ce n'est plus la peine. L'ai-je bien embrouillé ? T'ai-je conseillé comme il faut ?

LE BERGER. Bée !

PATHELIN. Hé ! Diable, on ne t'entendra pas ! Parle franchement, n'aie pas peur.

LE BERGER. Bée.

PATHELIN. Il est temps que je m'en aille, paie-moi.

LE BERGER. Bée.

---

1. **Aviné :** marqué par le vin.

PATHELIN. À dire vrai, tu t'en es très bien tiré, et tu as fait bonne figure. Ce qui lui a donné le change, c'est que tu t'es retenu de rire.

LE BERGER. Bée !

PATHELIN. Quoi, « bée » ? Il ne faut plus le dire. Paie-moi bien et gentiment.

LE BERGER. Bée !

PATHELIN. Quoi, « bée » ? Parle raisonnablement et paie-moi ; puis je m'en irai.

LE BERGER. Bée.

PATHELIN. Sais-tu quoi ? Je vais te le dire. Je t'en prie, arrête de brailler : pense à me payer. Je ne veux plus de tes bêlements. Paie-moi vite !

LE BERGER. Bée.

PATHELIN. Tu te moques de moi ? Est-ce tout ce que tu feras ? Par ma foi, tu me paieras, entends-tu, à moins que tu ne t'envoles. Allez, l'argent !

LE BERGER. Bée !

PATHELIN. Tu plaisantes ? Comment ? N'en aurai-je rien d'autre ?

LE BERGER. Bée !

PATHELIN. Tu cherches à faire le malin. À qui donc vends-tu tes âneries ? Sais-tu ce qu'il en est ? Ne me débite plus aujourd'hui ton « bée » et paie-moi.

LE BERGER. Bée !

PATHELIN, *à part.* N'en aurai-je pas d'autre monnaie ? *(au berger)* De qui crois-tu te moquer ? Je devais être si content de toi ! Eh bien, fais donc en sorte que je le sois !

LE BERGER. Bée !

PATHELIN. Me fais-tu manger de l'oie[1] ? Dieu me maudisse, ai-je tant vécu pour qu'un berger, un mouton en habit, un sale paillard, se moque de moi ?

1. Voir note 2 p. 26.

LE BERGER. Bée !

PATHELIN, *à part.* N'en tirerai-je pas d'autre mot ? *(au berger)* Si tu le fais pour t'amuser, dis-le, ne me laisse pas discuter plus longtemps. Viens-t'en souper à la maison.

LE BERGER. Bée !

PATHELIN. Par saint Jean, tu as raison : les oisons mènent paître les oies[1]. Je m'imaginais que j'étais le maître de tous les trompeurs d'ici et d'ailleurs, des vagabonds et des donneurs de belles paroles à payer au jour du Jugement dernier, et un berger des champs me surpasse ! Par saint Jacques, si je trouvais un bon sergent, je te ferais pendre !

LE BERGER. Bée !

PATHELIN. Heu ! « Bée » ! Que l'on puisse me pendre si je ne vais pas appeler un bon sergent ! Qu'il lui arrive malheur s'il ne t'emprisonne pas !

LE BERGER. S'il me trouve, je lui pardonne.

1. Proverbe signifiant que les plus forts sont menés par les plus faibles.

SITUER

Après le départ du drapier, Pathelin et le berger restent seuls en scène. L'avocat espère maintenant être payé pour l'heureuse conclusion de l'affaire. Son client, Thibaut, ne l'entend pourtant pas de cette oreille.

RÉFLÉCHIR

DRAMATURGIE : l'épilogue

1. Pourquoi Pathelin et Thibaut demeurent-ils seuls pour cette dernière scène ? Que pensez-vous de la première réplique du berger ?
2. Montrez l'évolution des réactions de Pathelin tout au long de la scène. Quels arguments invoque-t-il à propos des institutions ? Sont-ils en accord avec son attitude passée ?
3. Quels sont, selon vous, les gestes des personnages ?
4. En quoi cette scène marque-t-elle un renversement par rapport au reste de la pièce ? Montrez cependant qu'elle ne rompt pas l'unité de la farce.

PERSONNAGES : tel est pris qui croyait prendre

5. Montrez que Pathelin est fier de lui et méprise le berger.
6. En quoi le berger se montre-t-il pourtant plus malin que Pathelin ? Est-on tout à fait étonné de sa tactique ? Pourquoi ?

REGISTRES ET TONALITÉS : le comique du mot

7. Qui s'exprime le plus et pourquoi ? Montrez que Pathelin est pris à son propre piège.
8. Étudiez la reprise de termes et d'expressions présents dans les scènes précédentes. Quel est l'effet produit ?
9. En quoi la répétition de l'onomatopée animale est-elle comique ? Comment comprenez-vous la dernière réplique du berger ?

ÉCRIRE

10. Après une représentation de la pièce, les comédiens qui interprètent Pathelin et Thibaut défendent et justifient leur personnage. Imaginez ce dialogue.

DRAMATURGIE : le dernier volet de la farce

L'acte III constitue une farce dans la farce, puisqu'il met en scène un nouveau personnage avec une nouvelle affaire. Il est cependant bien relié aux deux premiers actes, et la pièce possède ainsi une vigoureuse unité.

1. En quoi le troisième acte prolonge-t-il les précédents ? Montrez qu'il permet d'approfondir les personnages et les motifs apparus dans les deux précédents.

2. Dégagez la progression de la pièce et son déroulement logique.

PERSONNAGES : trompeurs trompés

Comme dans les deux premiers actes, Pathelin semble le modèle même du trompeur. Par sa ruse et son extraordinaire maîtrise du langage, il parvient à tromper et à ridiculiser le drapier, à convaincre le juge et à innocenter le berger. Dans cet acte, pourtant, il tombe sur plus fort que lui, et, comme souvent dans les farces, l'arroseur se retrouve arrosé.

3. Montrez que dans cet acte le drapier reste la victime désignée et n'évolue pas.

4. En quoi Pathelin paraît-il plus malin que jamais ? A-t-il changé depuis le début de la pièce ? Comment sa défaite finale s'explique-t-elle ?

REGISTRES ET TONALITÉS : le triomphe ambigu de la parole

Jusqu'à présent, la supériorité de Pathelin résidait dans sa capacité à utiliser le langage. Mais, devant le berger qui ne prononce qu'un mot, il en devient la victime.

5. Étudiez comment, au cours de cet acte, Pathelin est le grand maître de la parole : face au berger, face au juge et face au drapier.

6. Comment le berger parvient-il à faire taire Pathelin ? En quoi montre-t-il ainsi les limites de la parole de l'avocat ?

SOCIÉTÉ : une satire de la justice ?

La scène centrale du procès souligne le rôle important du juge, qui décide, seul, du sort des individus.

7. Montrez le réalisme de la scène du procès, la plus longue de l'acte.

8. Quelle image cet acte donne-t-il de la justice ? Le juge est-il soucieux des droits de chacun ? Nuancez votre réponse en analysant avec précision les répliques du juge.

ÉCRIRE

9. La pièce est terminée et pourtant bien des choses restent en suspens. Imaginez l'avenir immédiat des différents personnages.

DRAMATURGIE : farce et comédie

La Farce de maître Pathelin est dans sa structure une pièce atypique. Malgré sa longueur inhabituelle, elle appartient au genre de la farce, par un certain nombre de traits, mais, par bien d'autres, elle s'apparente davantage à une comédie.

1. Qu'est-ce qui fait de chaque acte une farce à part entière que l'on pourrait jouer séparément ?

2. Montrez cependant l'unité de l'ensemble, en soulignant les liens d'un acte à l'autre.

PERSONNAGES : un petit monde

Les personnages appartiennent à l'univers de la ville et sont montrés dans leurs occupations et dans leurs préoccupations quotidiennes. Pathelin, Guillemette et le berger sont guidés par le besoin, le drapier par l'avidité, le juge par son métier. Leurs relations sont placées sous le signe de l'intérêt et de la tromperie. Dans la partie qu'ils jouent, c'est le plus malin qui doit triompher.

3. Dressez le portrait de chacun des personnages. Le comportement de Pathelin et celui du drapier évoluent-ils au cours de la pièce ? Pourquoi ?

4. Y a-t-il des bons et des méchants ? Justifiez votre réponse.

REGISTRES ET TONALITÉS : un modèle de comique

Le comique de la pièce se nourrit des recettes de la farce, mais il réside surtout dans la place laissée au jeu verbal. La parole règne en maîtresse et l'on assiste tout au long de la pièce à un véritable feu d'artifice de mots.

5. Relevez les traits propres à la farce. Où apparaissent-ils en priorité ? Pourquoi ?

6. Quels sont les autres moyens utilisés pour provoquer le rire ? Observez d'un acte à l'autre ou d'une scène à l'autre les jeux de répétition, les retournements de situation, etc.

7. Sur quoi repose le comique du langage ? Relevez des exemples de la variété des moyens mis en œuvre : discours de registres différents, quiproquos, jeux sur les mots et sur les langages, doubles significations...

SOCIÉTÉ : ordre et désordre

En dépit d'une hiérarchie bien établie, la société est moins stable qu'il n'y paraît : l'avocat est malhonnête, le marchand est cupide, le juge est aveugle, le berger est un voleur. La farce montre donc un univers de mensonge et de ruse où les apparences sont trompeuses. Cette situation incertaine transparaît dans la représentation des deux garants de l'« ordre » dans la société : la justice et la religion. La première est montrée dans ses défaillances, tandis que la seconde est l'objet de moquerie.

8. Comment la religion est-elle représentée ? Quel est le personnage le moins respectueux ? Pourquoi ?

9. Quels aspects de la justice sont mis en cause ? Cette critique vous paraît-elle plus ou moins sévère que celle de la religion ? Pourquoi ?

10. La pièce se termine-t-elle sur une leçon morale nette ?

L'UNIVERS
DE L'ŒUVRE

Dossier documentaire
et pédagogique

LE TEXTE ET SES IMAGES

COMMERCE ET JUSTICE

Illustration 1

1. Dans quel lieu se trouve-t-on ? Décrivez soigneusement les éléments et le mobilier qui le composent.

2. Que font les personnages ? Essayez de définir le rôle de chacun d'eux et décrivez leurs costumes.

3. À quoi voit-on que l'on assiste à une vente ? Quel moment de cette vente l'image évoque-t-elle ?

4. Qu'est-ce qui montre que cette image date du Moyen Âge ? Observez le dessin, la perspective…

Illustration 2

5. Observez les différents personnages et essayez de définir le rôle de chacun d'eux. Soulignez l'importance des gestes. Quels éléments du décor suggèrent une scène de procès ?

6. Identifiez tout ce qui fait penser au Moyen Âge, dans le décor, les vêtements, le dessin.

7. Pourquoi, selon vous, cette miniature est-elle placée en tête et du côté gauche du texte ?

LES PERSONNAGES EN ACTION

Illustration 3 : Guillemette et le drapier (acte II, scène 1)

8. Étudiez les différents éléments du décor. Quels sont les lieux représentés ? Où les personnages sont-ils placés ?

9. Analysez l'attitude et les mimiques des deux personnages. Sont-ils conformes aux indications du texte ?

10. La pièce se passe au XVe siècle. Comment le metteur en scène le suggère-t-il ?

Illustration 4 : Pathelin et le berger (acte III, scène 2)

11. Où se passe la scène ? Étudiez la disposition des personnages : qu'indique-t-elle ? Qui paraît dominer l'autre ? Cette disposition correspond-elle à la fin de la pièce ?

12. Analysez les gestes et les mimiques des personnages, en précisant les intentions du metteur en scène.

Illustration 5 : Le drapier (acte III, scène 5)

13. Décrivez l'attitude du drapier : en quoi illustre-t-elle son échec et son impuissance à remédier à la situation ?

14. À quoi correspond le tissu blanc dans lequel il s'enroule ? Que veut montrer le metteur en scène ? Trouvez-vous qu'il rend compte des intentions de l'auteur ?

LES DÉCORS

Illustration 6 : le drapier, le juge, Pathelin et le berger (acte III, scène 5)

15. Quels sont les éléments du décor ? Comment le metteur en scène représente-t-il une scène de procès ?

16. Étudiez les costumes des personnages. En quoi évoquent-ils le rôle que chacun joue dans la pièce ?

17. Observez la disposition des personnages. Pourquoi rapprocher le drapier, le juge et Pathelin et mettre le berger à l'écart ? Dans le trio, pourquoi le juge est-il placé au centre ? Pourquoi, alors qu'il est assis, le juge est-il à la même hauteur que l'accusateur et l'accusé ?

Illustration 7 : le berger, Pathelin et le juge (acte III, scène 5)

18. Pourquoi ne voit-on plus le drapier ? Étudiez la disposition des personnages. Pourquoi Pathelin est-il cette fois au centre ? Pathelin et le juge regardent en direction du berger, qui regarde devant lui. Quelles intentions du metteur en scène cette disposition tente-t-elle de traduire ?

19. L'attitude des personnages correspond-elle aux indications fournies par le texte ? En quoi annonce-t-elle l'issue de la scène et l'échec final de Pathelin ?

L'ARROSEUR ARROSÉ

Illustration 8

20. Où se passe la scène ? Que représente-t-elle ? Quels sont les personnages ?

21. Pourquoi est-elle comique ? En quoi illustre-t-elle la situation de *La Farce de maître Pathelin* ? Qu'est-ce qui est pourtant très différent ? L'arroseur montre-t-il ici une volonté de tromper ?

AU TEMPS DE *LA FARCE DE MAÎTRE PATHELIN*

Le théâtre médiéval et sa diversité

LE MOYEN ÂGE ET SON THÉÂTRE

Le théâtre religieux du Moyen Âge

Né au Xe siècle, le premier théâtre du Moyen Âge, d'inspiration religieuse, nous est peu connu. Pratiqué dans les églises, il expose dans une présentation dramatisée les principaux épisodes des Évangiles, comme la naissance de Jésus ou la visite des saintes femmes au tombeau du Christ, afin d'affermir la foi des fidèles. Tout au long du Moyen Âge, il continue d'être présent dans les églises, lors des grandes fêtes religieuses, comme celles de Pâques et de Noël. Dans une mise en scène* opposant symboliquement le paradis et l'enfer, et sous la forme de processions accompagnées de chants et de musique, il mobilise les foules et permet l'expression de la ferveur religieuse de ce temps.

À côté de ce théâtre joué à l'église se développe aux XVe et XVIe siècles le genre du « mystère », qui trouve sa matière dans la vie et la mort du Christ. Composer et jouer un mystère, c'est représenter sur scène en français la Passion du Christ[1]. Leurs auteurs sont des clercs[2]. Au cours de son évolution, le mystère a tendance à s'amplifier, au point de s'étaler sur plusieurs jours, voire sur plusieurs mois. Il réclame donc un effort matériel et financier considérable aux villes qui prennent la charge d'une représentation. Ces villes y voient cependant l'occasion d'exhiber leur richesse et d'en tirer un grand prestige.

1. **La Passion du Christ :** les souffrances et le supplice du Christ.
2. **Clercs :** religieux (donc, au Moyen-Âge, instruits).

Le théâtre profane du Moyen Âge

Quand la langue française finit par s'imposer dans la production artistique, avec les chansons de geste et les romans, des pièces de théâtre d'un type nouveau voient le jour. Au XIIIe siècle, en pleine période de croissance économique, de grands créateurs s'imposent dans les riches villes du Nord de la France : Jean Bodel avec *Le Jeu de saint Nicolas*, Adam de La Halle avec *Le Jeu de la Feuillée* et Rutebeuf avec *Le Miracle de Théophile*. Dans ces pièces, les sujets profanes* l'emportent et s'éloignent des composantes du drame liturgique[1]. Hormis ces œuvres, il reste peu de témoignages de cette tradition théâtrale, en raison de la fragilité des manuscrits sur lesquels les pièces étaient transcrites.

Le théâtre profane se fait très discret au XIVe siècle du fait des guerres, des épidémies et des famines. Dans un contexte aussi difficile, personne ne songe à rire, et la situation des jongleurs et des acteurs doit être bien précaire. Il faut attendre le XVe siècle et une conjoncture historique et économique plus favorable pour que le théâtre profane se développe à nouveau. Ainsi, une tradition continue de théâtre, une certaine effervescence urbaine, la multiplication des festivités populaires liées au calendrier religieux[2] favorisent la multiplication des farces. Celles-ci ne sont pas totalement nouvelles : à la fin du XIIe siècle, une pièce intitulée *Le Garçon et l'Aveugle*, qui ressemble à ce que l'on appelle une farce et qui oppose un maître aveugle à son valet, montre qu'il existe déjà de courtes pièces théâtrales de nature comique. Mais c'est au XVe siècle que le genre connaît un développement spectaculaire.

1. **Drame liturgique :** pièce de théâtre liée à l'Église.
2. Le calendrier est en effet découpé en fonction des fêtes religieuses, qui rythment une année.

LE MOYEN ÂGE ET LA FARCE

Le théâtre de la farce

Le monde des « petites gens »

Avec un nombre d'acteurs limités (de deux à six), le monde des « petites gens », marchands, paysans, artisans et clients, valets, bergers, prêtres sert de cadre à la farce. Les personnages sont mis en scène dans un univers quotidien, préoccupés par leurs besoins matériels – trouver de l'agent, boire, manger, se divertir – ou par leurs activités professionnelles – travail manuel pour les artisans, commerce et échanges avec les clients pour les marchands, prêche pour un prêtre ou règlement d'une affaire judiciaire pour un juge. Souvent très réduite, l'intrigue repose sur des querelles de ménage ou de voisinage, des histoires d'adultère, des difficultés d'argent...

Le triomphe de la tromperie

L'intrigue a toujours pour ressort principal la tromperie, avec un trompeur et un trompé, vaincu par plus malin que lui. Le but est d'imposer à l'autre sa loi par des moyens propres à ce genre de théâtre : la violence physique avec les coups de bâton, la violence verbale avec les injures, les grimaces, les déguisements, les poursuites, les jeux de cache-cache, les chutes inattendues, les plaisanteries grossières... Comme la farce est courte et son intrigue simple, elle doit être très rythmée pour entraîner la complicité du spectateur et le faire rire avec peu d'effets mais beaucoup d'efficacité.

La farce au théâtre

La scène

Alors que de nos jours une pièce de théâtre est représentée dans une salle ou un lieu spécialement conçu pour l'accueillir, la farce du Moyen Âge peut être jouée partout : à l'occasion des foires ou des fêtes religieuses, sur la place publique, dans les marchés, en plein air, dans la cour d'une belle demeure, à l'intérieur d'un cabaret ou de tout autre établissement.

La scène, d'une grande simplicité, est constituée de quelques planches surélevées, disposées sur des tréteaux, ou même sur de simples tonneaux, facilement déplaçables et commodes à installer. Le fond de la scène est fermé par un rideau qui permet de masquer l'espace réservé aux acteurs. Abrités là, ils peuvent se préparer, se maquiller, se déguiser, mais aussi ranger les décors et conserver les accessoires. Au cours de la pièce, ces sortes de coulisses servent à préparer les entrées et les sorties des personnages ; c'est aussi un endroit idéal pour se cacher.

La disposition de la scène ne facilite guère le contrôle des entrées et des sorties des spectateurs. Les comédiens passent donc dans le public pour recueillir un peu d'argent. Les spectateurs se tiennent debout autour de la scène, répartis sur trois côtés. Ils participent activement à la pièce, exprimant leurs réactions et leurs sentiments, se réjouissant quand un personnage de mauvaise réputation, marchand avare ou juge mal intentionné, est l'objet de coups ou d'injures. Ils prennent aussi fait et cause pour les personnages sympathiques, essayant de les prévenir de ce mauvais coup qui se trame contre eux. Le théâtre des farces ne vit que par les réactions et la participation du public.

Décors et costumes

Le décor est réduit à quelques objets indispensables à l'action : une table, une chaise, un tabouret, voire un lit représentent l'intérieur d'une maison ; un pot d'étain, d'autres récipients, un siège indiquent que nous sommes dans un cabaret ; une planche avec deux tréteaux reproduit l'étal d'un marchand. Parfois, le dialogue suffit à faire comprendre où se situe l'action. Même s'il est quelquefois question de bergers et de paysans qui évoquent leur terre et leur univers familier — troupeaux, travail de la terre avec des outils, vente et récolte —, le décor ne montre jamais le monde de la campagne.

Les costumes, comme le décor, sont très sobres et permettent d'identifier immédiatement le personnage : le berger est vêtu d'une grossière peau de mouton, l'avocat d'une robe et d'un chaperon, la femme de la campagne d'un fichu… Le costume renvoie toujours à l'ordre social : le paysan sera ainsi moins bien vêtu que le marchand.

Le jeu des acteurs

C'est sur les acteurs, en général grimés ou barbouillés de farine, que repose la réussite de la farce, grâce à leur sens de l'exagération, grâce à la relation qu'ils nouent avec le spectateur. Les personnages qu'ils interprètent sont schématisés et réduits à l'état de types : le marchand avare, le mari jaloux, la femme infidèle ou encore le prêtre débauché... On est bien loin des héros raffinés et subtils que produiront les grandes comédies de Molière ou de Marivaux.

Toutes ces composantes font de la farce un genre dramatique à part entière, qui met en scène des situations où tout le monde peut se reconnaître – ou plutôt reconnaître son voisin ! Sa vocation première est de provoquer le rire.

UNE ŒUVRE DE SON TEMPS ?

La ville est un spectacle

La Farce de maître Pathelin repose sur la mise en scène de la société urbaine. Les personnages appartiennent tous, plus ou moins directement, au monde de la ville.

L'ESPACE DE LA VILLE

La ville est incarnée dans l'espace par la séparation entre des lieux symboliques : d'une part, l'espace privé de la maison, où résident Pathelin et Guillemette ; de l'autre, les deux espaces publics que sont le marché, lieu économique du commerce et de l'artisanat, et le tribunal, lieu de la justice et de l'autorité. La présence sur scène des trois lieux en simultané, comme il est de règle dans le théâtre du Moyen Âge, permet de voir en miniature une société et son fonctionnement. Même si le décor se réduit à quelques objets, l'auditoire peut reconstituer un univers qui lui est familier et quotidien.

Les personnages évoluent dans cet espace clairement défini. Leurs déplacements sur la scène et les changements de lieu correspondent à la progression de l'intrigue. Au premier acte, dans l'espace privé de sa maison, Pathelin fait le constat de sa situation et décide de la tromperie. Dans l'espace public du marché où travaille le drapier, il met en pratique sa ruse, avant de retourner chez lui pour rejouer la scène à Guillemette et se vanter de son habileté. Au deuxième acte, les lieux restent les mêmes, mais avec une nouvelle répartition : cette fois, c'est dans l'espace privé que le drapier est victime de la ruse. Au troisième acte, la maison de Pathelin est le théâtre d'un nouveau stratagème conçu par Pathelin au service du berger, alors que le tribunal, nouvel espace public, voit le triomphe des trompeurs. Le jeu sur l'espace souligne ainsi l'opposition entre trompeurs et trompés : il fait de l'espace ouvert du commerce et de la justice le lieu où la ruse est pleinement victorieuse. Les dernières scènes se déroulent quant à elles à la sortie du tribunal, dans un endroit mal déterminé qui voit la victoire du berger, homme des champs, sur le drapier et Pathelin, hommes de la ville.

Une société structurée

Les lieux rendent compte également de la structure sociale et des professions : Guillemette reste au foyer, comme le veut la condition de la femme au Moyen Âge ; le drapier se tient au marché pour vendre son bien ; le juge siège au tribunal pour rendre la justice ; le berger, habituellement aux champs, se rend au tribunal au troisième acte. Seul Pathelin n'est pas là où on l'attendrait (au début en tout cas), c'est-à-dire au tribunal pour plaider une cause.

L'auteur donne un aperçu de chaque profession. La plus inhabituelle pour nous est celle du drapier. La farce nous fournit des informations sur l'origine des étoffes, leurs qualités et leur valeur. Les différentes étapes de la vente donnent ainsi lieu à un compte rendu précis des monnaies et des unités de mesure utilisées[1] (voir p. 146). Le fait que le drapier possède aussi des moutons permet de retrouver toute la chaîne de production, depuis la matière première, la laine, et sa transformation en différentes étoffes, jusqu'à la vente. Cette double profession crée un lien logique entre les trois éléments de l'action : le vol de l'étoffe, le massacre des moutons et le procès. Guillaume Joceaulme représente ainsi le monde de l'argent sous ses différents aspects puisqu'il est à la fois propriétaire et marchand.

Une société hiérarchisée[1]

Les différents métiers que la farce met en scène reflètent la hiérarchisation de la société. Le berger est au bas de l'échelle sociale, il est le salarié du drapier, dépeint quant à lui comme un

1. **Société hiérarchisée :** société dans laquelle chacun occupe une situation et des pouvoirs dans un ordre ascendant (ou descendant) : du rang le plus modeste au rang le plus élevé (et réciproquement).

riche marchand qui fait du commerce avec des clients aisés. Le juge occupe également un rang élevé : il représente la justice toute-puissante. Pathelin fait figure d'exception. En tant qu'avocat, il devrait faire partie des privilégiés.

Seules les préoccupations communes de ces personnages les rapprochent. Tous ont des besoins matériels, plus ou moins impératifs, qui s'affichent et commandent l'intrigue : Guillemette et Pathelin veulent de l'étoffe car leurs habits sont usés jusqu'à la corde ; le juge, tout comme le berger, pense avant tout à bien boire et à bien manger ; le drapier ne songe qu'à accroître ses biens et à amasser de l'argent. C'est un monde terre à terre qui est figuré dans *La Farce de maître Pathelin*, le monde du quotidien.

UN MONDE AMBIGU

Il n'y aurait pas de farce si ce monde n'était pas représenté à travers ses vices. L'auteur fait une discrète satire* de la société en figurant chaque personnage dans ses défauts.

Le héros de la pièce, Pathelin, est dès la première scène présenté comme un « avocat sans cause » (I, 1, l. 8), un avocat d'occasion, qui n'est pas reconnu officiellement. C'est une expression peu flatteuse, qui le distingue des avocats officiels, investis d'une véritable fonction de justice. Certes, le héros est suffisamment cultivé pour pratiquer le latin et différentes autres langues. Il manipule la parole avec génie et, dans la scène du délire, se révèle un acteur très habile. Cependant, ses compétences n'ont pas pu lui éviter la misère ni même les châtiments comme le pilori (I, 3, l. 97). Quelle grave faute a-t-il donc commise pour mériter une peine aussi infamante ? On sait enfin qu'il a la réputation de trompeur et de buveur (le drapier évoque son visage blême et aviné). C'est un avocat déclassé, victime de ses talents, qui a trop confiance en lui pour savoir se modérer et se discipliner. Le troisième acte le montre victime de lui-même tout autant que des autres.

En ce sens, le drapier n'est pas si différent. Avare, très habile à faire l'éloge de sa marchandise au point de berner ses clients, son portrait n'est pas flatteur. Au physique, il est d'une laideur repoussante, selon Pathelin, qui le compare à un marsouin (I, 3, l. 59). Au moral, il est lâche, cupide et avare ; vaniteux et sensible à la flatterie, il est en outre convaincu de sa supériorité ; enfin, il est stupide malgré quelques éclairs de lucidité. En somme, il porte bien son nom puisque « Guillaume » se rapproche du verbe « guiller » (tromper en ancien français), qui suppose donc l'idée de tromperie mais aussi celle de sottise. Guillaume est un rusé qui trompe ses clients avant d'être trompé par eux. Il est le double de Pathelin, mais en beaucoup moins intelligent.

Les autres personnages ne sont pas non plus épargnés. Au Moyen Âge, le nom de Guillemette, féminin de Guillaume, évoque souvent une femme légère. La femme de Pathelin apparaît pourtant comme une maîtresse de maison avertie, aux prises avec la pauvreté, sans illusions sur la moralité et les capacités de son mari. Mais ses réserves sur les projets de Pathelin tiennent moins à un souci de justice ou de morale, comme on pourrait s'y attendre, qu'à la peur d'une punition. Elle n'hésite pas à être sa complice, tirant un malin plaisir à se moquer du drapier. Fort bonne comédienne, elle renchérit sur le scénario que son mari a inventé. Utilisant le fameux « parlez bas », elle fait mine d'être offensée par la réclamation d'argent du marchand et prétend même que sa présence chez elle peut nuire à sa réputation (II, 2, l. 69-73). Sa finesse et son sens de l'à-propos apparaissent dans la scène des jargons (II, 5) quand elle trouve une explication pour chacun, et son talent de retourner les situations est manifeste quand, étant surprise en train de rire, elle imagine immédiatement une parade (p. 45). C'est une femme complexe, à ranger du côté des personnages rusés.

Le berger est lui aussi un personnage ambigu. Il est de toute évidence exploité par le drapier, qui le paie mal, mais il sait bien se sortir de la mauvaise passe dans laquelle il s'est mis : devant son patron, il joue l'idiot, feignant de ne rien comprendre à l'assignation en justice ; devant Pathelin, il se montre au contraire précis, lucide et cynique[1] sur la nature de ses actes et leurs conséquences. Il sait atteindre l'avocat au point le plus sensible, en soulignant qu'il peut bien le payer. Sa suprême habileté est de prendre Pathelin « à son mot » : il applique à la lettre le conseil de l'avocat et triomphe de lui. Son nom, Thibaut, qui au Moyen Âge est l'un des noms donnés aux maris trompés et qui symbolise la bêtise et la naïveté, ne renvoie assurément pas à ce qu'il est.

Reste le personnage du juge, qui n'intervient que le temps d'une scène. Il est représenté en homme pressé, désireux d'expédier l'affaire : est-il appelé ailleurs pour d'autres cas à traiter ou bien ne se soucie-t-il que d'aller souper ? Ne cherchant pas à approfondir les faits, il adhère sans réserve aux propos apparemment raisonnables de Pathelin, alors qu'ils l'induisent en erreur. La justice n'est finalement pas rendue car, même s'il est honnête, le magistrat manque de clairvoyance.

Hormis le juge, tous les personnages essaient de paraître autres que ce qu'ils sont, et leur attitude conduit à un renversement des valeurs.

LE RENVERSEMENT DES VALEURS

Le bouleversement de la hiérarchie

La pièce met en scène une opposition entre des catégories sociales différentes : d'un côté, les puissants incarnés par le marchand, qui représente le pouvoir économique, et par le juge, qui représente le pouvoir judiciaire ; de l'autre, les gens modestes ou marginaux, l'avocat sans cause et le berger ignorant.

Or on assiste à un bouleversement de la hiérarchie : le drapier et le juge sont les deux personnages dont on rit et dont on se

1. **Cynique :** qui exprime sans remords des sentiments contraires à la morale et aux convenances.

moque le plus. Aveuglé par sa cupidité, le drapier est d'une profonde bêtise : dans sa dernière apparition, il dit retourner chez Pathelin pour voir s'il y est, comme s'il n'avait pas encore compris la leçon (III, 4). Quant au juge, insensible au prestige social du drapier et au pouvoir de l'argent, il préfère prêter attention au berger naïf et il prononce un jugement peu satisfaisant au regard de la morale et de la justice.

Pathelin est doublement vainqueur – du drapier et du juge – : il obtient l'étoffe sans payer et bénéficie de la reconnaissance du juge, qui lui propose même de venir souper en sa compagnie. En bas de l'échelle sociale par son travail aux champs, le berger finit par duper tout le monde. Il est triplement vainqueur – du drapier, du juge et de l'avocat, c'est-à-dire du pouvoir de l'argent, du pouvoir de la justice et du pouvoir de la parole, incarné jusqu'à présent par Pathelin – : il n'a plus de compte à rendre au drapier ; il est considéré comme inapte à être assigné dans un procès par le juge ; il ne paie pas ses honoraires à Pathelin.

Dans la tradition du carnaval

Loin de prétendre édifier, la farce n'hésite donc pas à exposer des comportements contraires à la morale sociale et à renverser l'ordre attendu. Ce retournement volontaire de la hiérarchie s'inscrit dans la tradition carnavalesque. Le temps du carnaval est un moment très important dans la société du Moyen Âge. Alors qu'aujourd'hui il se déroule en une journée avant la fin de l'hiver et le début du Carême, il a lieu à l'époque au moment du mardi gras, du mercredi des Cendres et du premier dimanche de Carême. Il donne lieu à des fêtes et à des cérémonies variées, au cours desquelles les pouvoirs se renversent : les puissants semblent ne plus l'être tandis que les plus pauvres se livrent à toute sorte de fantaisie. C'est un temps de grande liberté où l'on peut tout dire et tout faire sans interdit. Place est faite à un monde à l'envers, à un monde de folie où disparaissent les valeurs habituelles de réserve, de politesse et de respect.

Dans *La Farce*, il est clairement fait référence au carnaval, quand Pathelin, lors de son délire, interpelle le drapier en lui disant : « D'où viens-tu, face de carnaval ? » – traduction de l'expression « Caresme prenant » qui signifie « moment où l'on entre dans le Carême » –, ce qui contribue à souligner le ridicule de son visage (II, 5, l. 77).

La loi du corps

Un autre aspect du carnaval, la préoccupation des besoins corporels, est présent dans *La Farce*. Au moment du carnaval, le corps a tous les droits : on mange, on boit jusqu'à plus soif. La pièce accorde une grande importance à la satisfaction du corps : le drapier est alléché par l'idée d'une oie rôtie bien arrosée[1] et renonce même à boire avant de se rendre chez Pathelin pour mieux en profiter ensuite ; le berger a dévoré voracement trente moutons en trois ans ; le juge a hâte de souper. La nourriture est le moyen de se faire plaisir et peut-être aussi le moyen d'échanger avec l'autre… ou de le tromper : manger de l'oie, c'est « manger » au sens propre, mais c'est « tromper » au sens figuré. L'importance de la nourriture est encore notable dans la scène du délire, où Pathelin évoque ce qu'elle devient en des termes plus ou moins grossiers : « urine », « merdaille », « cul », « fondement » (II, 5), etc.

La Farce de maître Pathelin reprend et exploite la tradition du carnaval pour faire rire. Mais, derrière le bouleversement des valeurs et le triomphe du corps, elle se fait le miroir d'une société en proie à des changements profonds, dont les personnages cherchent à s'accommoder. Les deux rusés, Pathelin d'abord, puis le berger, qui le supplante dans le dernier acte, utilisent tous deux la ruse comme une arme pour affronter les difficultés et la misère. Leur manière d'agir correspond à deux manières de faire face à une situation délicate.

1. L'oie est une volaille grasse consommée les jours de fêtes.

DEUX ATTITUDES FACE AU MONDE

Pathelin est au centre des deux premiers actes. Il mène le jeu avec brio, grâce à son extraordinaire capacité à manipuler le langage et les êtres. Son imagination débordante lui permet d'inventer des situations, de se faire tour à tour metteur en scène*, acteur et narrateur de la pièce. Il prend un extrême plaisir à jouer et à rejouer ce qu'il a fait. Devant Guillemette, qui est fort bon public, il s'enivre du récit de ses manigances, ce qui est une façon de se prouver sa supériorité et de se venger de ses déboires professionnels. Ses défauts sont suggérés par les autres personnages : Guillemette insiste sur son absence de moralité et le drapier juge son aspect physique peu attrayant, reprenant sans le savoir une critique que Pathelin a formulée à son encontre (I, 3, l. 59-60). Pourtant, le spectateur ne parvient pas à trouver l'avocat antipathique, tant sa verve et ses plaisanteries sont contagieuses, tant il ridiculise le drapier et manipule le juge. Alors qu'il a un comportement des plus douteux au regard de la morale, Pathelin suscite le rire, parce qu'au fond il ne paraît pas si méchant, tout juste inadapté à la société dans laquelle il évolue. Sa victoire sur le drapier avare et ridicule ne peut que combler d'aise le spectateur. Dans la catégorie des trompeurs, on se laisse à l'évidence fasciner par le plus habile, même s'il est incorrigible.

La nature de ses ruses, la malignité de sa parole, sa situation de déclassé en font un descendant de Renart, le goupil, maître en tromperie. Comme Renart, il est très sûr de lui, trop peut-être, ce qui révèle une certaine bêtise et montre ses limites. Mais, alors que Renart, qui connaît tour à tour triomphe et défaite, parvient toujours à reprendre le dessus et à poursuivre sans fin ses tromperies, Pathelin est définitivement vaincu par plus fort que lui[1].

L'ironie est que l'avocat ne trouve pas en Thibaut un adversaire à sa hauteur. Certes, le berger est bien moins bête qu'il n'y paraît. Il sait jouer le niais quand il le faut, avec le drapier et le

1. *Le Roman de Renart* s'est d'ailleurs continué, repris par des écrivains différents, tout au long du Moyen Âge.

juge, et il sait défendre sa cause auprès de Pathelin. Mais ce n'est pas un personnage raffiné et calculateur. La seule explication qu'il a pu donner de sa faute – la clavelée [1] – n'est guère plausible et ne peut tromper personne, pas même le drapier. Se sachant dans une mauvaise passe, il pare au plus pressé en allant chez Pathelin où il avoue sans détour ses méfaits. Évoquer l'argent qu'il lui donnera en échange de sa défense est un moyen d'appâter l'avocat, mais cela fait partie aussi de tout contrat passé entre un avocat et son client : pour être défendu, il faut payer.

Le berger est en réalité tout l'opposé de Pathelin : il ne se soucie pas de mise en scène, il ne décide pas de l'action. Convoqué au tribunal, il doit trouver dans l'urgence des moyens pour faire face à l'accusation et préfère s'en remettre à Pathelin, qui prend l'initiative de la ruse. En fait, il met à profit les occasions qui s'offrent à lui. Avec le berger, l'auteur met en scène un personnage traditionnel de la farce : le badin. Le badin pense que c'est Fortune qui régit le monde et fait de l'homme le jouet des événements [2]. C'est pourquoi il ne calcule pas ses actes mais réagit au gré des obstacles qu'il rencontre.

Dans la rivalité de ces deux personnages, M. Rousse [3] voit l'opposition entre deux types de héros théâtral : Pathelin serait du côté du théâtre latin, qui offre le schéma d'une pièce comique, les subtilités des stratagèmes et du langage ; le berger au contraire, ou le badin, serait l'incarnation de la farce française, où le plus faible l'emporte sur le plus fort, où la sagesse se cache sous les apparences de la folie. Et c'est le berger, donc la farce, qui triomphe pour longtemps, au moins jusqu'au XVIIe siècle, laissant Pathelin et son langage en marge, avant son retour victorieux chez Molière sous les traits d'un Sganarelle ou d'un Scapin…

1. Voir note 1, p. 60.
2. Fortune joue un rôle très important dans la vie des hommes du Moyen Âge. C'est une puissance qui distribue le bonheur ou le malheur sans règle apparente. Elle donne lieu à de nombreuses représentations dans les arts et dans la littérature, sous la forme d'une roue qui fait passer l'homme du bonheur au malheur et inversement.
3. Sur le personnage du badin, voir aussi J.-P. Bordier (p. 144).

FORMES ET LANGAGES

Une farce au service du rire

Au XVe siècle, le théâtre n'est pas encore codifié par des règles très précises, comme le sera, deux siècles plus tard, le théâtre classique : trois ou cinq actes divisés en scènes qui coïncident avec les entrées et les sorties des personnages ; règle des trois unités (unité d'action, de temps et de lieu). La seule règle à laquelle obéit la farce est la versification, dont les traductions rendent rarement compte. *La Farce de maître Pathelin* est en effet composée en vers de huit syllabes (octosyllabes) qui riment* deux à deux (on parle de rimes plates[1]). L'usage du vers permet de jouer sur les sonorités et donne à la pièce un rythme particulier par la reprise des mêmes sons et par une coupure toutes les huit syllabes. Au Moyen Âge, la pièce est déclamée, en général avec un accompagnement musical, ce qui produit certainement des effets comiques que la proximité physique du spectateur avec les acteurs doit rendre plus efficaces. En outre, la vivacité des répliques, les enchaînements rapides, les gestes et les mimiques des acteurs jouent un rôle très important dans la charge comique.

Même si nous ne disposons d'aucune indication inscrite dans le texte, nous ne sommes pas étonnés par l'organisation de la pièce. On remarque que *La Farce de maître Pathelin* est composée de trois farces successives, formant trois actes reliés entre eux par des éléments communs, des échos et des reprises. Au sein de ces actes, on peut pratiquer un découpage en scènes, selon les déplacements des personnages. Cette distribution nous aide à nous repérer plus facilement dans le texte. Le thème du trompeur trompé ne nous surprend pas non plus : c'est un

1. Voir l'extrait du texte original p. 105.

thème éternel que l'on retrouvera par la suite dans de nombreuses comédies.

Datée de la fin du Moyen Âge, *La Farce* présente donc bien des ressemblances avec le théâtre qui se développera plus tard.

LES MULTIPLES RESSORTS DU COMIQUE

La Farce de maître Pathelin dispose d'un arsenal très complet de moyens destinés à faire rire. L'auteur refuse en général d'utiliser les éléments les plus élémentaires de la farce et ses recettes habituelles : grimaces, coups de bâton gratuits, grossièretés en grand nombre. Il préfère combiner savamment toutes les formes de comique.

Le dispositif scénique*

Au Moyen Âge, les différents lieux où se passe l'action sont représentés simultanément sur scène. Quelques objets indiquent où l'on se trouve. Le premier acte de *La Farce* se situe tantôt dans le logis de Pathelin et Guillemette, figuré par une table et quelques tabourets, tantôt au marché, à l'étal du drapier, représenté par une planche dressée sur deux tréteaux. Dans le deuxième acte, un lit est introduit à la place de la table, et dans le dernier acte, un tabouret et un siège symbolisant le tribunal sont placés au centre de la scène, lieu sans élément de décor, entre la maison de Pathelin et l'étal du drapier. Les changements de décor doivent se faire à l'occasion de pauses, qui ne sont pas signalées dans la pièce. Semblables à nos entractes modernes, elles permettent de piquer la curiosité d'un public peu habitué à des farces aussi longues.

Comme les lieux sont toujours juxtaposés sur la scène, le spectateur voit tous les personnages et découvre en même temps les attitudes et les réactions de chacun. Il assiste à la mise au point de la tromperie par Pathelin et Guillemette (I, 1), tout en apercevant le drapier en train de vendre son étoffe sans se douter de ce qui l'attend. Si celui-ci n'est pas sur scène, la présence de l'étal produit un effet d'attente du fait qu'on ignore encore le rôle du drapier dans la pièce, et elle crée un lien entre les vêtements usés et le lieu où l'on peut se procurer de l'étoffe pour en confectionner de nouveaux. Dans le même acte, le spectateur écoute les réactions du drapier qui a été mis à la porte par Guillemette mais qui décide de retourner sur les lieux ; il voit aussi l'avocat, très fier de lui, se moquer du bon tour qu'il a joué. Il se rit des deux personnages : du premier parce qu'il est dupé, du second parce qu'il va être bien surpris du retour du drapier (II, 3 à 5).

Les autres lieux dont il est question dans le texte sont seulement suggérés. L'entrée de la maison de Pathelin, par exemple, est inventée par l'action et les paroles des personnages. Le drapier annonce qu'il va entrer, criant au début de la scène 1 de l'acte II : « Ho, maître Pierre ! » Ce simple cri annonce clairement le passage de l'extérieur à l'intérieur. L'effet comique vient de la cohabitation sous nos yeux de ce qui se passe à l'intérieur (la panique que provoque le retour du drapier) et de ce qui se passe à l'extérieur (l'arrivée du drapier plus que jamais déterminé à avoir son argent).

Grâce à cette présence simultanée de tous les lieux sur la scène et au passage de l'un à l'autre, le spectateur en sait toujours plus que les personnages : il voit le montage des ruses, leur déroulement et leurs conséquences sur chacun. Le décor est donc un ressort important du comique.

Le comique de situation

À l'utilisation du décor, l'auteur ajoute le comique de situation, qui repose sur quelques procédés efficaces : la répétition, le retournement, la confusion et la reconnaissance.

La répétition

Une même scène revient sous une forme identique avec les mêmes personnages. Guillaume réclame son argent à deux reprises, et à deux reprises Guillemette s'oppose à lui. Par deux fois, il est trompé par Pathelin et doit s'en retourner chez lui vaincu. D'une scène à l'autre, on observe pourtant un changement : les moqueries de Pathelin et la scène centrale du délire mettent toujours plus en évidence la sottise et l'avarice du drapier.

La répétition prend aussi la forme des annonces et des rappels de scènes à venir ou de scènes écoulées. Le comique vient de ce qu'elle s'accompagne de variantes. Pathelin décrit à l'avance à Guillemette son comportement de flatteur auprès du drapier pour le duper et il lui explique la conduite à tenir quand celui-ci viendra chercher son argent. Après coup, l'avocat se rappelle les faits avec jubilation auprès de sa femme. Il raconte la scène de tromperie qu'il vient de jouer, en faisant de nouveaux commentaires, qui s'opposent aux propos qu'il a tenus : tous les compliments sur la générosité du père du drapier et sur la ressemblance qui unit le père et le fils sont récapitulés dans les termes injurieux de « méchant marsouin » et de « babouin » (I, 3, l. 59-60) !

La répétition se fait encore par la reprise de mots, qui donne lieu à des réactions imprévisibles ou à des situations confuses. Quand le drapier réclame son argent, Guillemette fait comme s'il plaisantait et Pathelin feint de ne pas le reconnaître. Dans la scène du procès, chaque fois que le drapier mentionne l'argent qui lui est dû pour l'étoffe, l'avocat fait croire au juge que le marchand est fou. La double répétition des deux affaires et le décalage dans les réponses conduisent à un effet de cacophonie et accentuent le ridicule de Guillaume. Le spectateur rit de le voir progressivement pris dans les mailles du filet où l'enferme Pathelin. Mais n'est-ce pas aussi troublant de voir celui qui dit la vérité passer pour fou ?

Le retournement

Proche de la répétition, le retournement consiste à retourner une situation par inversion des rôles, ce qui est le cœur même de la farce. Premier retournement : le drapier s'imagine tromper Pathelin en lui vendant de l'étoffe bon marché au prix fort et Pathelin trompe le drapier en l'emportant avec l'intention de ne jamais la payer. Second retournement : l'avocat invente le stratagème de l'onomatopée pour tromper le juge ; le berger l'utilise à ses dépens pour éviter de lui régler ses honoraires. Ce jeu redoublé du retournement a un puissant effet comique qui s'accompagne d'une morale implicite qu'on retrouvera formulée par la suite dans d'autres farces, et bien plus tard chez La Fontaine : tel est pris qui croyait prendre.

Le retournement de situation se produit aussi dans l'attitude des personnages. Dans la scène du délire, c'est Pathelin qui mélange les langues et les registres dans une sorte d'ivresse verbale, au point de donner le tournis à Guillaume, qui n'y comprend plus rien. Dans la scène du procès, c'est le drapier qui est à son tour victime d'une forme de délire verbal – une vraie victime cette fois ! – et se trouve prisonnier d'un flot de paroles qu'il ne parvient pas à maîtriser.

La confusion

Le comique vient également d'une confusion volontaire des deux intrigues. Lors du procès, le drapier mêle les deux tromperies : la tuerie de ses moutons et le vol de l'étoffe. L'interférence entre les affaires le conduit à prononcer un discours incohérent, rendu plus incohérent encore par Pathelin qui dénonce sa folie au juge. Impuissant à faire tenir au drapier des propos sensés, ce dernier renonce à l'écouter. Cette scène de confusion est déjà annoncée et préparée après l'épisode du délire : dans un bref monologue, le drapier passe d'un sentiment à l'autre, ne sachant plus ni que penser ni que dire (II, 3, l. 1-17). Nous sommes ici proches du comique de caractère. Le procès est ainsi l'un des sommets de la pièce : c'est le moment où tous les personnages sont en scène et où les deux intrigues* se rejoignent ; c'est le moment où s'opère plus que jamais la confusion entre le vrai et le faux, entre la réalité et l'illusion.

La reconnaissance

Cette confusion est amenée par un autre procédé comique : celui de la reconnaissance. C'est parce que le drapier reconnaît Pathelin qu'il commence à mêler ses deux affaires et à s'y perdre.

La reconnaissance s'accompagne de mimiques et de gestes comiques, que l'on peut imaginer à travers les répliques : l'ahurissement du drapier, l'effroi momentané de Pathelin, qui se ressaisit rapidement, la naïveté du juge (« Comme vous tenez haut votre main ! Avez-vous mal aux dents, maître Pierre ? »). Ce procédé connaîtra un franc succès dans le théâtre comique, qui succédera aux farces.

JEUX DE LANGAGE ET COMIQUE

La grande originalité de *La Farce de maître Pathelin* repose incontestablement sur la place centrale qu'occupe le langage. Le titre de la pièce s'en fait l'écho. Le terme « maître » fait référence à la profession d'avocat, qui, à l'époque, n'a pas bonne réputation : l'art de plaider apparaît surtout comme une façon de transformer un coupable en innocent. Le nom de Pathelin est en outre associé à la famille du mot « patelin » qui signifie « façon étrange de parler avec un débit rapide et une douceur affectée ». Ce mot a désigné par la suite un beau parleur qui utilise ses paroles pour flatter et tromper son interlocuteur*.

Le titre de la pièce annonce le règne sans équivoque de la parole et son lien étroit avec l'intrigue : le premier acte repose sur les politesses, la flatterie et le marchandage ; le second sur le délire ; le troisième sur les plaidoyers d'accusation et de défense devant le juge. Il annonce aussi que le langage est l'objet d'un détournement et d'une perversion[1], comme l'illustrent le délire contrôlé de Pathelin et le délire involontaire du drapier. L'auteur manie la parole en virtuose dans ses diverses possibilités et dans ses tours les plus variés.

Jeux sur les sonorités

La traduction du texte ne rend pas bien compte des jeux sonores au sein des vers et des échos que l'on remarque de l'un à l'autre. Ces jeux et ces échos contribuent pourtant à créer un

1. Pervertir, c'est changer en mal.

texte d'une grande richesse musicale. Dans leur langue originelle, les premiers vers en offrent une idée :

« MAISTRE PIERRE *commence*
Saincte Marie ! Guillemette,
Pour quelque paine que je mette
À cabasser n'a ramasser,
nous ne pouons riens amasser ;
Or vis je que j'advocassoye.

GUILLEMETTE
Par Nostre Dame, je y pensoye,
Dont on chante en advocassaige ;
Mais on ne vous tient pas si saige
Des quatre pars comme on soulloit[1]. »

Un réseau sonore se tisse à partir des verbes « cabasser », « amasser », « ramasser », puis des termes « advocassoye », « advocassaige »[2], réseau qui double en quelque sorte le sens des vers. Il met en valeur la malhonnêteté, défaut souvent attribué aux avocats.

Ailleurs dans la pièce, l'auteur utilise des mots aux sonorités partiellement identiques, notamment pour exprimer l'idée de parler : dans la scène du délire, le drapier commente les propos de Pathelin avec les termes « gargouiller », « barbouiller », « barboter », « barbeloter », « parler »... que l'on a traduit par « gargouiller », « baragouiner », « marmotter », « marmonner », « parler » (II, 5). Leur accumulation provoque une sorte de vertige qui montre la déroute du drapier et le talent de Pathelin.

Le rapprochement de termes comme « camelos », « camocas », « advocat » provoque le même effet. Bien que dépourvus

1. Voir la traduction p. 17 (l. 1 à 6). Le texte en moyen français est donné à partir de l'édition de Jean Dufournet (voir p.144).
2. **Cabasser :** chaparder ; **advocassoye** et **advocassaige** se réfèrent à la profession d'avocat et à l'art de plaider.

de sens, certains mots se rapprochent par leurs sonorités et, dans le cas des mots « marmara », « carimari », « carimara », constituent une sorte de formule renvoyant à la diablerie.

Il convient d'évoquer aussi, même si la traduction n'en fait pas état, les allitérations* et les jeux de rimes entre les vers qui matérialisent, dans leur musicalité, la signification des vers.

Jeux sur les mots

Les jeux sur les sonorités s'accompagnent de jeux sur les mots. Le texte fourmille ainsi de formules de serments constamment renouvelés, prononcés sur tous les tons et en toute situation : « Sainte Marie », « diable », « par Dieu », « palsambleu », « par le Père », « par la Passion de Notre Seigneur », « Notre Dame », « sainte Dame », « Par sainte Marie la belle », « Que le diable s'en mêle », « par la souffrance de Dieu », « pour l'amour de saint Georges », « par l'âme qui repose en moi », « par ma foi », « par saint Jean », « par ce Dieu qui me fit naître », « par le Sang de Notre Dame », « par saint Jacques », « morbleu », « par le corps de Dieu », « par la gracieuse sainte Marie », « par la Vierge couronnée », « par le saint sang que Dieu versa »... Appels à Dieu et au Christ ou, à l'inverse, au Diable, adresses à la Vierge, invocation des saints, l'effet comique provient de la prodigieuse diversité et du mélange qui se fait parfois entre formules de serment et jurons, comme « morbleu » et « palsambleu ».

Dans la scène où Pathelin compare le drapier à son père, l'auteur s'amuse également avec des synonymes et des expressions de sens proche : « Si l'on vous avait crachés tous les deux contre le mur » ; « comme si l'on vous avait sculpté dans la neige » (I, 2, l. 47-48 et 54-55).... Là encore, il se livre à une véritable jonglerie verbale qui finit par avoir raison des réserves du drapier.

Les expressions sont aussi prétexte à un jeu sur leur double sens. L'exemple le plus éclatant est la formule « manger de l'oie » – au sens propre, « déguster de l'oie rôtie » ; au sens figuré, « tromper » (exactement : « partir sans payer »). Un effet proche se produit avec l'expression « payer selon son mot » : pour Pathelin, « mot » signifie « prix fixé par l'acheteur ou le vendeur » ; pour le berger, le « mot » désigne le « bée » que l'avocat lui a demandé de répondre à toutes les questions qu'on lui pose.

Jeux sur les registres

L'auteur joue en outre sur les différents registres*. Il mêle ses savoirs : la culture savante avec l'allusion à la chanson de geste, à travers le personnage de Renouart à la massue[1] ; la culture populaire avec les proverbes ou les renvois à des personnages mythiques comme Martin Garant ou à des légendes, celle des foireux de Bayeux par exemple. Il fait appel par ailleurs au vocabulaire technique, avec le vocabulaire de la draperie (« largeur de Bruxelles », « camocas »), celui de la médecine (« clystère »), celui du commerce (« denier à Dieu », « la main sur le pot »), celui du droit (« assignation », « obligation »)... La scène du délire est enfin l'occasion de glisser quelques termes scatologiques (II, 2 et 5) et des grossièretés en tout genre à l'adresse du drapier.

L'auteur aime jouer avec les changements de registre : il passe du plus courant au plus technique, du plus savant au plus familier, voire parfois grossier. C'est le triomphe du langage, à travers la mise en œuvre permanente d'un feu d'artifice verbal.

Jeux sur les langages

La scène du délire (II, 5) constitue l'un des temps forts de la pièce. Située en son milieu, elle constitue une sorte d'explosion du langage ou des langages. Pathelin passe d'une langue à l'autre : il s'exprime successivement en limousin, en picard, en flamand, en normand, en breton, en lorrain et en dernier lieu en latin. Ce mariage de différentes langues appartient au registre comique tout au long du Moyen Âge, mais la grande originalité de l'auteur est d'exploiter les différentes langues en les liant au

1. Voir note 2 p. 49.

délire de l'avocat. Grâce à Guillemette qui trouve une interprétation pour chacune, Pathelin se voit doté d'une famille issue de toutes les régions : un oncle limousin, une mère picarde, un maître d'école normand, une grand-mère paternelle bretonne…

L'auteur crée en outre un effet de gradation : le limousin, le picard ou le normand sont compréhensibles, mais le flamand et le breton sont inintelligibles. Le drapier y voit la marque du diable, lorsqu'il s'exclame : « il ne parle pas chrétien ». Quant au latin, langue de la religion au Moyen Âge, il évoque pour Guillaume les cérémonies religieuses et l'approche de la mort : le marchand imagine que Pathelin prononce ses dernières prières.

Guillaume ne comprend rien aux discours de Pathelin. On peut cependant saisir ici ou là des passages de sens plus clair : des références à des saints, à la fête, à des animaux comme l'âne (« Sont-ils un âne que j'entendrai braire ? », II, 5, l. 117). On remarquera également le mauvais traitement infligé à la langue française, quand elle est déformée par un Breton ou quand elle est pleine d'incorrections (un pluriel suivi d'un singulier ou l'inverse ; un indicatif futur à la place du subjonctif…). On peut surtout s'amuser des insultes que lance Pathelin, sous couvert du délire : il prend un évident plaisir à traiter le drapier de « crapaudaille », de « merdaille », de « carême prenant », de « couille de Lorraine », de « vieux con » etc. Autant de procédés et de jeux verbaux qui font naître le rire du spectateur. Quant aux vers latins, ils résument, de manière précise, l'histoire des deux personnages et produisent un effet de miroir, source d'un comique plus subtil.

Le paradoxe est que Guillaume n'y voit que du feu et qu'il est pris dans un tel vertige qu'il perd le sens du langage et finit par confondre lui-même dans ses propos Dieu, la Vierge et le Diable… En revanche, Guillemette, comme la plupart des spectateurs, peut déchiffrer les propos de l'avocat : comme ils ont accès au sens des mots et des jargons, ils ont une supériorité sur le drapier qui leur donne l'occasion de rire de lui. Dans cette scène magistrale, le langage apparaît profondément ambigu : il cache et dévoile le sens dans le même temps.

Jeux sur l'onomatopée

Le langage est mis en scène de manière opposée avec l'onomatopée « bée ». Face au délire verbal, à l'explosion des mots et des sonorités et à la prolifération des « jargons » du second acte, un monosyllabe résume à lui seul le dernier. C'est en effet le « bée » des moutons, onomatopée privée de sens, qui triomphe finalement. Ce comique du retournement laisse une impression de malaise pour le spectateur, car il met en valeur l'absence de toute communication. Si les langues de Pathelin peuvent être plus ou moins déchiffrées, que dire en effet du « bée » indéfiniment répété par le berger, sinon que la parole est vaincue par un mot vide et par le silence que celle-ci impose ?

Le comique du langage ne peut être séparé du comique de situation. Mais par sa richesse, par sa complexité, il fait de *La Farce de maître Pathelin* un véritable théâtre de la parole. Celle-ci est envisagée dans toutes ses formes et dans tous ses sens. Elle conduit à faire passer pour fous ceux qui détiennent la vérité et à faire passer pour sages ceux qui veulent la masquer. Ainsi mise en scène, la parole provoque le rire mais aussi une inquiétude. Le « bée » final ne révèle-t-il pas qu'au lieu de permettre le dialogue entre les êtres elle peut aboutir à l'absence totale d'échange ?

LA STRUCTURE DE *LA FARCE DE MAÎTRE PATHELIN*

	Scènes	Personnages : Pathelin	Guillemette	Le drapier	Le berger	Le juge	Lieux	Sujet de la scène
Acte I	1	■	■				Dans la maison de Pathelin.	Pathelin et sa femme sont dans la misère et leurs vêtements sont usés. Pathelin, qui se vante d'avoir été un avocat fort habile, décide malgré le manque d'argent d'aller au marché pour se procurer de l'étoffe pour des vêtements neufs.
	2	■		■			Au marché, à l'étal du drapier.	Pathelin amadoue le commerçant par des politesses et des flatteries. Après marchandage, il acquiert six aunes d'étoffe au prix fort, mais à crédit : le drapier viendra chez lui toucher son argent et manger de l'oie rôtie. Ils se quittent, chacun étant assuré d'avoir trompé l'autre : Pathelin a bien l'intention de ne pas payer et le drapier est content d'avoir vendu très cher son étoffe.
	3	■	■				Dans la maison de Pathelin.	Pathelin montre à Guillemette l'étoffe qu'il a eue pour presque rien et lui rejoue la scène en se moquant du drapier. Il se prépare ensuite à la venue du marchand en indiquant à sa femme comment elle devra se comporter.
	4			■			Au marché, à l'étal du drapier.	Satisfait d'avoir trompé Pathelin, le drapier part chercher son argent avec l'intention de bien boire et de bien manger.
Acte II	1		■	■			Dans la maison de Pathelin.	Le drapier est accueilli par Guillemette, qui fait semblant d'être affligée par la maladie de son mari et de ne rien comprendre à ses demandes. Il se fâche, et la discussion dégénère.
	2	■	■	■			Dans la maison de Pathelin.	Pathelin feint d'avoir des visions et de prendre le drapier pour un médecin. Celui-ci, très inquiet et surpris de ce qu'il voit et entend, préfère partir.
	3			■			De retour au marché.	Le drapier, complètement désemparé, retourne à son étal vérifier s'il a vendu ou non l'étoffe.
	4	■	■				Chez Pathelin.	Les deux époux se moquent du drapier, mais ils s'attendent à son retour.

Actes	Scènes	Personnages: Pathelin	Guillemette	Le drapier	Le berger	Le juge	Lieux	Sujet de la scène
Acte II (suite)	5	■	■	■			Du marché à la maison de Pathelin.	Déterminé à obtenir son argent, le drapier revient chez l'avocat. Guillemette lui annonce que son mari est sur le point de mourir. Pathelin feint la folie et prononce des discours incompréhensibles en différentes langues. Ne voulant pas assister à la mort de l'avocat, le drapier, effrayé, préfère s'en aller.
	6	■	■				Chez Pathelin.	Les deux époux se réjouissent du bon tour joué au drapier et de l'étoffe qu'ils ont réussi à garder.
	7			■			De retour au marché.	Le drapier se lamente sur son sort : il s'estime la victime de tous, même de son berger, qui le vole.
Acte III	1			■	■		Sur l'aire de jeu à proximité du marché.	Entrée en scène du berger qui essaie de convaincre le drapier qu'il n'est pas coupable du vol de ses moutons. Son maître, qui ne veut rien entendre, est bien décidé à lui faire un procès.
	2	■	■	■			Chez Pathelin, puis auprès du juge.	Le berger, qui veut prendre Pathelin comme avocat, lui fait miroiter de beaux écus. Malgré la situation délicate du berger, Pathelin accepte d'assurer sa défense et invente un stratagème pour éviter la condamnation : le berger répondra « bée » à toutes les questions. Feignant de ne pas se connaître, les deux protagonistes se rendent chez le juge.
	3	■		■	■	■	Au tribunal.	Pressé d'expédier l'affaire, le juge demande au drapier le motif de sa plainte. Mais celui-ci, reconnaissant Pathelin, lui réclame son bien et mêle sans arrêt étoffe et moutons. L'avocat fait passer le drapier pour fou aux yeux du juge, et le berger, fidèle à la demande de Pathelin, ne dit rien d'autre que « bée ». Le juge rejette alors la plainte du drapier, absout Thibaut qui lui semble un peu simple d'esprit, puis s'en va souper.
	4	■		■	■		Sur l'aire de jeu, à proximité du tribunal.	Le drapier est sûr d'avoir affaire à Pathelin, mais celui-ci lui démontre qu'il le confond avec quelqu'un d'autre. Le drapier quitte alors les lieux pour aller vérifier si Pathelin est bien chez lui, malade, dans son lit.
	5	■			■		Sur l'aire de jeu.	Pathelin réclame maintenant son salaire, mais le berger continue de répondre par « bée ». Prenant la mesure de son échec, l'avocat finit par le menacer d'aller chercher un sergent de ville. Le berger s'enfuit. La scène reste vide.

LES THÈMES

LA JUSTICE EN PROCÈS ?

La justice occupe une place importante dans *La Farce de maître Pathelin* : le troisième acte montre son fonctionnement.

Fonctionnement judiciaire

Au Moyen Âge, la justice émane du roi. Comme il ne peut l'assurer à lui seul sur tout le royaume, il délègue son pouvoir à des cours différentes : les cours ecclésiastiques[1], chargées pour l'essentiel de juger des clercs, et les cours laïques qui se divisent en haute justice pour les causes les plus graves, en basse justice pour les petits délits.

Les procès sont conduits sous la direction d'un juge nommé par l'autorité civile, c'est-à-dire détenant son autorité du roi ou d'un seigneur local. Dans la pièce, il est difficile de dire pour qui le juge travaille : il forme à lui seul la cour et semble très libre de son emploi du temps. Il est assisté toutefois d'officiers chargés de maintenir l'ordre, au besoin par la force. Ces auxiliaires de justice sont revêtus d'habits spécifiques que Thibaut l'Agnelet décrit comiquement : « Je ne sais quel personnage en habit rayé, mon bon seigneur, qui tenait un fouet sans corde… » (III, 1, p. 57). Ce que Thibault appelle « fouet sans corde » est un bâton qu'ils tiennent à la main et qui symbolise leur pouvoir.

Procédures[2]

Dans la pièce, le procès se déroule devant un tribunal laïque et civil qui doit juger le vol des moutons et l'abus de confiance.

1. **Cours ecclésiastiques :** qui concernent l'Église et le clergé.
2. **Procédure :** ensemble des règles et des formalités qui doivent être respectées pour parvenir à une solution dans un procès.

Le premier méfait est sanctionné par une amende, le second relève de la haute justice et peut mériter une sentence de mort. Pourtant, le procès ne prend pas un tour grave et les plaintes du drapier ne sont guère prises au sérieux.

Son déroulement n'en est pas moins mis en scène de manière assez précise. L'audience dite de relevé (voir p. 146) a lieu un samedi après-midi. Elle est composée du juge, de l'avocat[1], d'un accusateur et d'un accusé, et d'huissiers ou officiers de justice. Quand le juge s'est installé sur son siège, il s'informe sur les parties en présence, puis il demande au drapier de formuler sa plainte. C'est un moment essentiel au cours duquel le plaignant doit prononcer un texte préparé à l'avance. Pathelin intervient d'abord pour souligner l'incohérence des propos du drapier puis se fait désigner comme avocat du berger. En plaidant la folie, il peut ainsi défendre son client qui est absout, c'est-à-dire délié de toute obligation vis-à-vis de son accusateur.

La justice à l'épreuve

Sous les apparences d'un procès conforme aux habitudes de l'époque, on observe en réalité quelques détails étranges. D'abord, il est curieux que le drapier ne soit pas accompagné de son avocat ou que le juge n'ait pas d'assistant. Dans son déroulement même, le procès prend une allure de caricature : le drapier perd ses moyens et s'exprime dans la plus grande confusion, le berger s'en tient à son « bée » et Pathelin semble diriger l'audience. C'est même lui qui dicte discrètement au juge ce qu'il doit conclure de l'affaire. Le représentant de la justice n'est pas à son avantage. Dès ses premières répliques, il se montre pressé d'en finir, sans qu'on sache bien pourquoi. Sans attendre toutes les parties, il commence le procès et se montre peu attentif aux plaintes du drapier et aux raisons de son trouble, alors qu'il fait preuve de bienveillance et de patience envers le berger lorsqu'il l'interroge. Le plus grave est qu'il se laisse totalement abuser par Pathelin, parce qu'il se fie sans discernement au caractère rai-

1. Cette désignation d'office est en vigueur dès le XIIIe siècle.

sonnable de ses paroles. Enfin, il ne cache pas ses préoccupations terre-à-terre, songeant à son souper auquel il invite même Pathelin, sans souci de la séparation des fonctions : le juge peut-il aller dîner avec l'avocat d'une des parties après le procès ?

Pourtant, l'auteur ne fait pas le procès de la justice, même si celle-ci est à l'époque dénoncée comme lente, onéreuse et infructueuse. La caricature* est réelle dans ce tableau d'un procès rondement mené, mais elle est discrète et relève plus généralement de la logique même de la farce. Le personnage du juge n'est pas non plus l'objet d'une satire* très marquée, malgré sa hâte à sortir du tribunal (et de la pièce !). Il n'est ni malhonnête, ni complice de l'un des participants, mais seulement victime des apparences. Les propos incohérents du drapier lui donnent l'impression qu'il se moque de lui ; ceux, mesurés, de Pathelin le convainquent par leur bon sens. Son jugement n'est pas injuste : il absout le berger, ce qui ne signifie pas qu'il le déclare innocent mais qu'il le reconnaît irresponsable.

Par un grossissement des traits propre au genre de la farce, cette scène de procès est surtout destinée à mettre en valeur la tromperie des deux grands rusés de la pièce, Pathelin et Thibaut l'Agnelet, qui parviennent tous deux, sous une forme différente, à soutirer de l'argent à leur adversaire.

LE MONDE DE L'ARGENT

Dans *La Farce de maître Pathelin*, l'argent occupe une place importante. Dès la première scène, sa présence est bien attestée par le vocabulaire. De nombreux termes renvoient aux moyens d'en posséder, d'en obtenir, voire d'en voler (chaparder, amasser, ramasser, quatre cinquième, avoir, gagner, valoir, emprunter…), d'autres concernent les diverses monnaies utilisées (maille, denier, sou…), d'autres encore ont trait au contexte économique et aux relations commerciales (compter, faire crédit, rendre, garant, marchand, foire…).

L'argent motive la conduite des différents personnages, à l'exception du juge. Ceux qui manquent d'argent doivent recourir à la ruse et à la tromperie – Pathelin fait croire au drapier qu'il a de beaux écus d'or pour acquérir, malgré sa misère, de l'étoffe –, ou bien ils sont conduits à la violence – le berger fait un carnage (et un festin !) des moutons de son maître qui le paie mal et l'exploite. Quant au drapier, qui représente le monde de l'argent et du commerce, c'est le type même du commerçant rusé qui veut tromper son client, faisant tout pour vendre de l'étoffe de médiocre qualité au prix fort. Soucieux de récupérer son argent après avoir laissé l'étoffe à crédit, il n'hésite pas à venir réclamer avec insistance ses écus auprès de Pathelin alité. Même si celui-ci n'est pas réellement malade, ce que le drapier ignore, sa réclamation est déplacée, et Guillemette n'hésite pas à le lui faire remarquer : « Allez-vous nous rebattre les oreilles avec vos fantaisies ? Est-ce bien raisonnable ? » (II, 1 l. 63-64). Posséder de l'argent favorise donc l'âpreté au gain, l'avarice, la mesquinerie et l'absence de scrupule pour s'enrichir toujours plus. La cupidité du drapier est fréquemment soulignée, en particulier par la répétition incessante de « mon argent » ou de « mes neuf francs ».

Il apparaît donc que l'argent a tout pouvoir dans la société et corrompt chaque individu. Il fausse les rapports sociaux et sépare très nettement les pauvres des riches, sans offrir aucune possibilité d'instaurer entre eux un échange fondé sur le respect des règles économiques. Il favorise la duplicité et le mensonge.

Cependant, *La Farce de maître Pathelin* n'est pas tant une critique de l'argent qu'une mise en cause des comportements étranges qu'il provoque chez des personnages au fond peu typiques : un avocat manipulateur du langage, un marchand qui a peut-être les défauts traditionnels de sa profession mais qui est ici d'une stupidité sans bornes, un berger un peu trop avisé. Le traitement de l'argent dans la pièce relève bien du genre de la farce, mais il porte aussi la marque d'une société dont les mentalités et les mœurs se transforment, d'une société qui s'interroge sur ses valeurs.

LA RELIGION MISE À MAL ?

Moyen Âge et religion

Au Moyen Âge, la religion catholique occupe une place centrale dans la société. Elle façonne les mentalités et détermine les valeurs. Il n'est pas étonnant qu'elle imprègne les arts et se manifeste dans la littérature. On se rappelle que le théâtre fut d'abord religieux, avant d'être profane*. Dans le théâtre profane, si la religion n'est plus le sujet du spectacle, elle continue de transmettre une manière de penser.

Dans la pièce, il n'y a pas de mise en scène de l'Église ou de ses institutions. Parmi les personnages, on ne trouve ni clerc, ni moine, ni curé. Et pourtant, la religion est sans cesse évoquée par le vocabulaire. *La Farce* est émaillée d'adresses à Dieu, à la Vierge et à différents saints. Très inventif, l'auteur varie les formulations qui vont des plus simples (« par dieu ») aux plus travaillées (« par la Souffrance de Dieu », « par le Sang de Notre Dame », « par le saint Sang que Dieu versa »…). Il y inclut des adresses au diable (« Diable », « Que le diable s'en mêle ») qui ne doivent pas nous étonner : dans l'esprit des hommes du Moyen Âge, le diable est une figure importante qui incarne le mal et fait sentir sa redoutable puissance dans tous les aspects de la vie. *La Farce* reflète le système religieux, fondé sur l'opposition entre le bien et le mal. En ce sens, elle offre une image fidèle des valeurs et des conceptions de l'Église.

Parodie et dérision

Pourtant, à certains égards, la pièce parodie et remet en cause la religion, comme en témoigne, dans la scène du délire, le savant mélange entre formules respectueuses, jurons et noms déformés (« par le sang de Dieu » devient « palsambleu » ; « par la mort de Dieu » devient « morbleu », etc.). C'est dans l'usage que Pathelin fait de la religion que la prise de distance est la plus nette. Il n'hésite pas à invoquer le « denier de Dieu », quand il traite avec le drapier. Donner un denier à Dieu, au profit d'une œuvre de bienfaisance, est une pratique habituelle au moment de commencer ou de conclure une affaire. L'irrévérence de Pathelin consiste à impliquer Dieu dans sa tromperie et à se servir de son nom pour piéger son adversaire. Elle est remarquable aussi quand il décrit le drapier à Guillemette. Il affirme qu'il reconnaît Dieu si celui-ci n'est pas de mauvaise origine, alors qu'il laisse entendre qu'une telle éventualité n'est pas possible (I, 3). Serait-ce qu'il ne croit pas en Dieu[1] ?

La fausse mort

La parodie éclate dans la scène de la fausse mort de l'avocat. Au temps de *La Farce de Maître Pathelin*, le pays vient de vivre une situation de guerre et de dévastation, et la mort est très présente dans les esprits, dans les arts et la littérature. C'est l'époque des « danses macabres » qui décorent les murs des églises. Ces fresques figurent des processions d'hommes et de femmes de tous âges et de tous milieux entraînés dans le néant par la mort peinte sous les traits de squelettes agités. C'est l'époque aussi des Arts de bien mourir où l'on représente le combat que se livrent les forces du Bien et du Mal pour posséder l'âme du mourant.

La scène où Pathelin feint de mourir n'est donc pas inattendue pour les spectateurs. L'avocat s'en remet à Dieu, à la Vierge et aux saints (saint Michel, saint Gigon et saint Georges) ; il veut même se convertir pour devenir prêtre et être confessé par saint Thomas. Il voit des êtres diaboliques qu'il anéantit par l'exorcisme[2] : un moine noir qui traverse la pièce en volant, un chat (alors considéré comme un animal diabolique) qui grimpe le long d'un mur, des crapauds… Guillemette recourt pour sa part au rituel[3] chrétien de la mort : elle fait le signe de croix, demande à son mari de se repentir, réclame les derniers sacrements et ajoute que le latin, langue de la religion, est le signe d'une foi profonde.

1. Au Moyen Âge, présenter un personnage qui ne croit pas en Dieu est assez subversif.
2. **Exorcisme :** pratique qui vise à chasser les démons du corps des possédés, à l'aide de cérémonies et de formules.
3. **Rituel :** ensemble des cérémonies, des pratiques et des gestes prescrit par une religion.

Toute la scène reprend des éléments attendus de ce rituel, mais dans une imitation insolente de la mort du chrétien. Les signes de piété sont mêlés à des injures, à des appels au diable et à des expressions très familières. Pathelin fait semblant d'être possédé et recourt à des formules magiques qui n'ont rien de bien chrétien, c'est du moins ce que constate le drapier. Le plus curieux n'est pas la parodie en elle-même, mais le fait que Pathelin ne soit pas l'objet d'un châtiment divin. Malgré son attitude sacrilège, il pourra conserver l'étoffe qu'il a volée.

Une telle imitation devait provoquer le rire des spectateurs. Mais cette façon de tourner la religion en dérision va plus loin : elle reflète peut-être un moment de crise pour l'Église du XVe siècle qui ne répond plus aux attentes et aux désirs de ses fidèles.

L'habit ne fait pas le moine

La société peut être trompée par des individus qui se montrent autres que ce qu'ils sont. Le proverbe « l'habit ne fait pas le moine » pourrait figurer en exergue[1] de la pièce, car il concerne tous les personnages, à l'exception du juge. Pathelin détient le record de la tromperie : se faisant tour à tour passer pour un client intéressé et fortuné aux yeux du drapier, puis pour un malade à l'article de la mort, enfin pour un avocat sérieux, avisé et serviable qui se porte volontaire pour défendre un client que soi-disant il ne connaît pas. Guillemette, sa femme, apparaît en bonne maîtresse de maison et joue admirablement le jeu de la maladie, feignant d'être une femme désespérée à l'idée de perdre son mari. Le drapier, riche et avare, veut faire entendre que ses affaires sont mauvaises et qu'il faut le plaindre, se présentant en bon patron, prétendant avoir élevé le berger pour Dieu et en charité[2]. Quant au berger, il masque son bon sens sous le couvert de la niaiserie et de la folie, finissant par prendre tout le monde à son jeu.

1. **Exergue :** inscription placée en tête d'un ouvrage.
2. Voir p. 64.

Seul le juge ne prend pas de masque. En se fiant aux apparences, c'est lui qui est trompé par tout le monde : par Pathelin au bon sens duquel il se fie ; par le drapier dont il ne perçoit que la parole incohérente ; par le berger qu'il range dans la catégorie des fous qu'on ne peut pas juger.

En somme, tout prouve qu'il ne faut pas prendre les apparences pour la réalité, mais tout contribue à leur confusion. Car le principal instrument de cette mystification[1] est la parole, source essentielle de la communication entre les êtres.

LE LANGAGE AU POUVOIR

Les langages de la farce

Le langage est au cœur de la pièce : c'est le ressort de l'intrigue et de la tromperie ; son rôle est essentiel dans les trois actes, mais il apparaît sous des formes différentes.

Dans le premier acte, le langage est d'abord un instrument de flatterie qui entraîne peu à peu le marchand dans un piège. Pathelin suggère une ressemblance physique entre le drapier et son père en vantant les qualités de ce dernier. Il l'enferme ainsi dans une situation sans issue, l'obligeant à se conduire aussi bien que son père s'est, selon lui, conduit. L'avocat passe ensuite habilement à ce qui l'amène. Comme par hasard, il voit l'étoffe et se met à l'admirer. Il peut ensuite logiquement s'intéresser à l'aspect technique de l'achat en s'enquérant de la qualité et du prix. Le drapier retrouve là un langage qu'il connaît bien et, se croyant le plus fort, traite avec Pathelin. L'expression « manger de l'oie » illustre parfaitement la situation : le drapier, qui l'entend dans son sens propre*, est abusé ; Pathelin, qui la prend en son sens figuré*, domine le drapier.

Dans le deuxième acte, la parole est en folie et ne permet plus aucun échange. Dans la scène du délire, le drapier ne comprend

1. **Mystification :** action ou propos destinés à tromper quelqu'un, à l'abuser.

aucun des propos apparemment incohérents de Pathelin : il ne lui reste plus qu'à fuir.

Dans le troisième acte, c'est une parole du brouillage et de la confusion qui s'impose dans le procès, avec les propos du drapier. Par un renversement de situation inattendu, c'est lui qui semble délirer cette fois, confondant les deux affaires et se montrant incapable de maintenir le fil de son plaidoyer. Mais le même acte met en scène une autre parole qui se réduit à une onomatopée : du vertige verbal de Pathelin, on passe au monosyllabe du berger qui aboutit au silence, à la disparition de la parole.

Les pouvoirs de la parole

Dans ses différents aspects, la parole se révèle un instrument de pouvoir. Elle est là non pas pour communiquer avec l'autre mais pour le dominer.

Pour Pathelin, elle est un moyen de sortir de la misère ; par son talent d'avocat, il manipule le drapier pour obtenir six aunes d'étoffe dont il a grand besoin, sans rien débourser sinon une promesse vaine. La parole de Pathelin est une parole de l'illusion, destinée à tromper pour acquérir un bien en dehors des règles économiques habituelles. Le mot est ainsi pris pour argent comptant. Guillemette n'a pas la même attitude envers le langage, qui est pour elle le moyen de dire la misère et non de la dépasser. Sa parole correspond à la réalité mais elle se laisse emporter à son tour par le tourbillon des mots et use de la parole trompeuse avec le drapier.

La parole est aussi une manière de contester les cadres de la société. Quand Pathelin raconte à Guillemette son entrevue avec le drapier, il en profite pour dénoncer les défauts de la bourgeoisie ou des gens riches, le décrivant comme un commerçant peu honnête, un créancier stupide et obstiné et, par la suite, un maître dépourvu d'autorité.

La parole est surtout un formidable moyen d'invention verbale qui agit sur les êtres. Comme elle suggère ce qui n'est pas, elle brouille les esprits et elle crée de l'inquiétude. La scène du délire met tout particulièrement l'accent sur sa violence, qui est aussi remise en cause de l'ordre établi.

Grâce à la maîtrise qu'il possède sur le langage, Pathelin peut temporairement obtenir une place de choix dans la société.C'est sans compter avec l'arrivée du berger qui, par son « bée », démystifie la parole de l'avocat et en marque les limites.

Les limites de la parole

Le pouvoir de la parole n'est pas infini, comme en témoigne la composition de la pièce. Dans le premier acte, on assiste à la naissance de la parole comme instrument de tromperie ; dans le second acte, on voit son épanouissement et sa toute-puissance sur les esprits, lors de l'épisode du délire ; dans le dernier acte, la pièce s'achève sur une simple onomatopée – le « bée » du berger –, et sur une scène vidée de ses personnages. La parole a perdu tout pouvoir.

Ce dernier épisode signe l'échec de Pathelin et de sa parole mensongère et trompeuse. Devant Thibaut l'Agnelet, il se montre encore un grand manipulateur des mots, mais le « bée » le réduit au silence. Il n'a pu que constater l'échec de ses moyens habituels : la flatterie, la vantardise, la menace. Sa propre parole, qui devait le faire vivre et lui assurer une place dans la société, ne vaut plus rien, elle est vaincue par une parole de non-sens. Or pour Pathelin, ne plus être entendu, ne plus pouvoir parler est une sorte de mort sociale.

Dans *La Farce*, le langage sous des formes variées est donc traité de manière complexe. Il peut dire ce qui n'est pas et faire croire ce que l'on veut, il peut inventer un monde de folie pour dénoncer la société et la religion. Mais il rencontre aussi ses limites et se perd dans ses ambiguïtés. Le génie de l'auteur anonyme de cette pièce est d'utiliser ses différents aspects pour faire rire.

D'AUTRES TEXTES

La parole dans tous ses états

La Farce de maître Pathelin démontre l'immense pouvoir de la parole. Elle expose aussi ses travers et ses limites, voire sa dimension inquiétante quand elle échappe à tout contrôle. Certains auteurs explorent ses diverses faces et choisissent de la mettre en scène dans sa nature gratuite ou délirante, tyrannique ou abusive.

LA BRUYÈRE, *LES CARACTÈRES*, 1688

La parole abusive

Les Caractères *est une galerie de portraits satiriques, parmi lesquels prend place celui du bavard qui, par son flux de paroles incontrôlées, nie la fonction première de la parole, celle de l'échange.*

« 12. — J'entends *Théodecte* de l'antichambre ; il grossit sa voix à mesure qu'il s'approche ; le voilà entré : il rit, il crie, il éclate ; on bouche ses oreilles, c'est un tonnerre. Il n'est pas moins redoutable par les choses qu'il dit que par le ton dont il parle. Il ne s'apaise, et il ne revient de ce grand fracas, que pour bredouiller des vanités et des sottises. Il a si peu d'égard au temps, aux personnes, aux bienséances, que chacun a son fait sans qu'il ait eu intention de le lui donner ; il n'est pas encore assis qu'il a, à son insu, désobligé toute l'assemblée. A-t-on servi, il se met le premier à table et dans la première place ; les femmes sont à sa droite et à sa gauche. Il mange, il boit, il conte, il plaisante, il interrompt tout à la fois. Il n'a nul discernement des personnes, ni du maître, ni des conviés ; il abuse de la folle déférence qu'on a pour lui. Est-ce lui, est-ce *Euthydème* qui donne le repas ? Il rappelle à soi toute l'autorité de la table ; et il y a un moindre inconvénient à la lui laisser entière qu'à la lui disputer. Le vin et les viandes n'ajoutent rien à son caractère. Si l'on joue, il gagne au jeu ; il veut railler celui qui perd, et il l'offense ; les rieurs sont pour lui : il n'y a sorte de fatuités qu'on ne lui passe. Je cède enfin et je disparais, incapable de souffrir plus longtemps Théodecte, et ceux qui le souffrent. »

La Bruyère, *Les Caractères.*

Questions

1. Étudiez la composition du portrait. Comment est-il organisé ?

2. Quels aspects de ce portrait pourraient convenir à Pathelin ? dans quelles scènes ?

3. Montrez que, chez Pathelin, la parole est pourtant maîtrisée.

ALFRED JARRY, *UBU ROI*, 1896

La parole en folie

Voici, dépeintes par un dramaturge de la fin du XIXe siècle, toutes les bizarreries du langage. Dans Ubu roi, *qui se présente comme une farce, Alfred Jarry crée le personnage d'Ubu, être prétentieux et lâche qui, à travers sa parole, symbolise tout le ridicule de l'homme.*

« Père Ubu

Merdre.

Mère Ubu

Oh ! voilà du joli, Père Ubu, vous estes un fort grand voyou.

Père Ubu

Que ne vous assom'je, Mère Ubu !

Mère Ubu

Ce n'est pas moi, Père Ubu, c'est un autre qu'il faudrait assassiner.

Père Ubu

De par ma chandelle verte, je ne comprends pas.

Mère Ubu

Comment, Père Ubu, vous estes content de votre sort ?

PÈRE UBU

De par ma chandelle verte, merdre, madame, certes oui, je suis content. On le serait à moins : capitaine de dragons, officier de confiance du roi Venceslas, décoré de l'ordre de l'Aigle Rouge de Pologne et ancien roi d'Aragon, que voulez-vous de mieux ?

MÈRE UBU

Comment ! Après avoir été roi d'Aragon vous vous contentez de mener aux revues une cinquantaine d'estafiers armés de coupe-choux, quand vous pourriez faire succéder sur votre fiole la couronne de Pologne à celle d'Aragon ?

PÈRE UBU

Ah ! Mère Ubu, je ne comprends rien de ce que tu dis.

MÈRE UBU

Tu es si bête !

PÈRE UBU

De par ma chandelle verte, le roi Venceslas est encore bien vivant ; et même en admettant qu'il meure, n'a-t-il pas des légions d'enfants ?

MÈRE UBU

Qui t'empêche de massacrer toute la famille et de te mettre à leur place ?

PÈRE UBU

Ah ! Mère Ubu, vous me faites injure et vous allez passer tout à l'heure par la casserole.

MÈRE UBU

Eh ! pauvre malheureux, si je passais par la casserole, qui te raccommoderait tes fonds de culotte ?

PÈRE UBU

Eh vraiment ! et puis après ? N'ai-je pas un cul comme les autres ?

MÈRE UBU

À ta place, ce cul, je voudrais l'installer sur un trône. Tu pourrais augmenter indéfiniment tes richesses, manger fort souvent de l'andouille et rouler carrosse par les rues.

PÈRE UBU

Si j'étais roi, je me ferais construire une grande capeline comme celle que j'avais en Aragon et que ces gredins d'Espagnols m'ont impudemment volée.

MÈRE UBU

Tu pourrais aussi te procurer un parapluie et un grand caban qui te tomberait sur les talons.

PÈRE UBU

Ah ! je cède à la tentation. Bougre de merdre, merdre de bougre, si jamais je le rencontre au coin d'un bois, il passera un mauvais quart d'heure.

MÈRE UBU

Ah ! bien, Père Ubu, te voilà devenu un véritable homme.

PÈRE UBU

Oh non ! moi, capitaine de dragons, massacrer le roi de Pologne ! plutôt mourir !

MÈRE UBU, *à part.*

Oh ! merdre ! *(Haut.)* Ainsi tu vas rester gueux comme un rat, Père Ubu.

PÈRE UBU

Ventrebleu, de par ma chandelle verte, j'aime mieux être gueux comme un maigre et brave rat que riche comme un méchant et gras chat.

MÈRE UBU

Et la capeline ? et le parapluie ? et le grand caban ?

PÈRE UBU

Eh bien, après, Mère Ubu ? *(Il s'en va en claquant la porte.)*

MÈRE UBU, *seule.*

Vrout, merdre, il a été dur à la détente, mais vrout, merdre, je crois pourtant l'avoir ébranlé. Grâce à Dieu et à moi-même, peut-être dans huit jours serai-je reine de Pologne. »

Alfred JARRY, *Ubu roi*, acte I, scène 1, Gallimard.

Devant le juge. Gravure sur bois pour l'édition Pierre Levet publiée à Paris en 1489.

QUESTIONS

1. Montrez les points communs qui relient cette scène à la scène du délire (acte II, scène 5) de *La Farce de maître Pathelin*.

2. Comment le personnage d'Ubu est-il présenté dans cette scène d'exposition ?

JEAN TARDIEU, *LE PROFESSEUR FRŒPPEL*, 1978

Jean Tardieu, poète et dramaturge, s'attache dans cette pièce à montrer que le dialogue est impossible quand chacun s'en tient à son idée sans écouter l'autre : il met en scène les époux Poutre et leur difficulté à expliquer au juge le délit dont Mme Poutre a été le témoin.

« LE JUGE, *agacé, frappant de sa main sur la table.*

Enfin, de qui parlons-nous ?

MADAME POUTRE

Mais de… de… *(Elle désigne le ciel.)*

LE JUGE, *ironique, imitant son geste.*

Que voulez-vous dire ?

MADAME POUTRE

Ben quoi, le soleil, pardi !

LE JUGE

Ah là là ! Voilà le malentendu ! Nous ne parlions pas de la même personne, de la même chose. Moi, je vous parlais de votre agresseur, de votre voleur, de votre cambrioleur, et vous, vous… vous parliez de quoi ? Du soleil ! *(Levant les bras au ciel.)* C'est invraisemblable ! C'est inimaginable, i-ni-ma-gi-nable ! Mais comment avez-vous pu vous y prendre pour faire fausse route de la sorte ?

MONSIEUR POUTRE

C'est pas nous qu'on a fait fausse route, Monsieur le Professeur-Docteur, c'est bien vous, vous même ! Nous autres, on savait de quoi on parlait !

LE JUGE, *furieux.*

Et moi, vous croyez que je ne sais pas de quoi je parle, non ? Ah ! Faites attention ! Vous ne savez pas à qui vous avez à faire ! Je vais vous faire filer doux, moi, ma petite dame, et vous mon petit monsieur ! C'est insensé ! On se moque de moi ! *(Il s'apaise peu à peu, redresse sa cravate, s'époussette.) (au greffier qui s'était arrêté de taper et qui regarde la scène d'un air hébété)* Greffier, veuillez recommencer à noter... Et ne tapez pas si fort ! Vous nous cassez les oreilles ! *(à monsieur Poutre)* À nous deux, maintenant. À votre tour, vous allez déposer.

MONSIEUR POUTRE, *abruti.*

Déposer quoi ?

LE JUGE

Déposer veut dire témoigner. Vous allez témoigner.

Racontez-moi comment les choses se sont passées, le jour de l'événement !

MONSIEUR POUTRE

Eh bien, voilà : comme ma femme vient de vous le dire, je n'étais pas là, j'étais absent.

Le greffier recommence à taper avec précaution, du bout des doigts.

LE JUGE

Alors, comment pouvez-vous témoigner ? En voilà encore une nouveauté !

MADAME POUTRE

C'est que, Monsieur le Curé, moi je me rappelle plus rien du tout, mais comme je lui avais tout raconté et que lui, il a une mémoire d'éléphant, alors...

LE JUGE, *haussant les épaules.*

Drôle de témoignage ! Enfin, si nous ne pouvons pas faire autrement ! Allons, *(résigné)* racontez !

MONSIEUR POUTRE

Alors voilà. J'étais allé à la pêche dans la rivière, dans la petite rivière, le petit bras de la petite rivière, autrement dit, celui où il y a des nénuphars, pas l'autre, où il y a du courant, alors je n'attrape jamais rien tandis que les écrevisses elles me connaissent, elles vont lentement, moi aussi, alors on finit toujours par se rencontrer, sauf votre respect, Monsieur le Commissaire, autour d'un morceau de mouton pourri, du bien frais que le Docteur, pardon le boucher, me prépare exprès pour mes balances le dimanche…

LE JUGE, *sec.*

Abrégez, je vous prie !

MONSIEUR POUTRE

Alors, juste pendant que j'étais pas là, il a profité de ce que j'étais pas là, ni ma femme non plus d'ailleurs…

LE JUGE, *l'interrompant.*

Pardon ! Vous venez de m'affirmer l'un et l'autre que, si vous n'étiez pas là, par contre votre femme y était !

MONSIEUR POUTRE

C'est-à-dire qu'elle était dans la maison, mais elle était pas là, à l'endroit même où ça s'est passé, vous comprenez !

LE JUGE

Mais finalement, *où* ça s'est-il passé ?

MONSIEUR POUTRE

Ça s'est passé au jardin.

LE JUGE

Bon. Alors, de la maison, elle pouvait, je suppose, voir ce qui se passait au jardin ?

MADAME POUTRE

Ça, point du tout, Monsieur mon Père ! Non, ça, je peux vous le dire : de d'là où j'étais dans la maison, c'est-à-dire de la cuisine, je pouvais rien voir au jardin !

LE JUGE

Et pourquoi donc ?

MADAME POUTRE

Pass' que la cuisine, c'est une pièce qui tourne le dos au jardin.

LE JUGE

Alors, comment avez-vous pu raconter quoi que ce soit au… à votre… au témoin, enfin ?

MADAME POUTRE

C'est que, voyez-vous, je lui ai raconté les effets.

LE JUGE

Quels effets ?

MADAME POUTRE

Ben, les effets de ce qui s'est passé.

LE JUGE

Alors racontez !

MADAME POUTRE

Ah mais non ! C'est pas à moi à raconter !

LE JUGE

Pourquoi, je vous prie ?

MADAME POUTRE

C'est pas à moi à raconter, puisque je vous dis que j'ai rien vu.

LE JUGE

Alors, comment faire, puisque lui, de son côté, votre mari, n'était pas là ?

MADAME POUTRE

Ça fait rien. Lui y raconte mieux que moi, il a plus de mémoire, ou d'imagination, je ne sais pas, moi !

LE JUGE, *avec un agacement grandissant et une insistance sarcastique.*

Alors, Monsieur Poutre, veuillez me raconter, à moi qui n'étais pas là, l'événement qui s'est produit en votre absence et qui vous a été rapporté par votre femme, bien qu'elle n'y ait pas assisté !...

MONSIEUR POUTRE

Je vous disais donc que j'étais à la pêche. Quand je suis rentré, j'ai entendu un grand cri, c'était ma femme...

LE JUGE

Elle avait été blessée ?

MONSIEUR POUTRE

Mais non ! Elle était furieuse parce qu'il avait tout saccagé dans la maison.

LE JUGE, *intéressé, pensant en sortir.*

Enfin, nous y voilà ! Il avait tout saccagé. *(au greffier)* Notez bien, greffier !

MONSIEUR POUTRE

Tout, Monsieur Le juge, Monsieur le Professeur ! Tout, tout, tout ! Les plates-bandes étaient piétinées, la toile des transats était déchirée, les oignons étaient coupés, les outils étaient par terre. Il avait dû être furieux !

LE JUGE

Une crise de nerfs ? Delirium tremens, peut-être ? Venait-il souvent chez vous ?

MONSIEUR POUTRE

Oui, souvent. Ma femme vous l'a dit.

LE JUGE

Pardon ! Il y avait eu confusion : je parlais de lui et elle me parlait du soleil, rappelez-vous !

MADAME POUTRE

Mais c'était vrai aussi de lui !

LE JUGE

Voyons ! Voyons ! Réfléchissez ! Il y a une nouvelle confusion.

Vous m'avez dit tout à l'heure que c'était plutôt lui qui vous nourrissait. Maintenant vous me parlez de ses colères, de ses déprédations. Dans un cas vous parlez du soleil, dans un cas d'autres choses... *(un silence)*... Alors, parlez ! *(nouveau silence)*... Mais parlez-vous, à la fin !

QUESTIONS

1. Comparez cette scène avec la scène du procès (acte III, scène 3) de *La Farce de maître Pathelin*. Quels points communs relevez-vous ? Quelles différences ?

2. Comment chacun des personnages est-il dépeint ?

QUESTIONS D'ENSEMBLE

1. Quels sont les traits communs à ces extraits de texte, pour représenter la parole dans tous ses états ?

2. Définissez les liens que les personnages entretiennent avec la parole. Sont-ils les mêmes d'un personnage à l'autre ? Pourquoi ?

Le spectacle du trompeur

Le thème du trompeur a donné lieu à des traitements variés, aussi bien au théâtre, comme l'illustre *La Farce de maître Pathelin*, que dans les autres genres littéraires.

Les figures du trompeur

Elles sont multiples et peuvent prendre le visage du menteur, de l'hypocrite et du traître. Certains auteurs choisissent de se concentrer sur le portrait, comme le moraliste La Bruyère avec celui de l'hypocrite.

LA BRUYÈRE, *LES CARACTÈRES*, 1688

Dans Les Caractères, *La Bruyère fait en moraliste le portrait type de l'hypocrite, qui prolonge d'une certaine façon celui du courtisan.*

« 24. — *Onuphre* n'a pour tout lit qu'une housse de serge grise, mais il couche sur le coton et sur le duvet ; de même il est habillé simplement, mais commodément, je veux dire d'une étoffe fort légère en été, et d'une autre fort moelleuse pendant l'hiver ; il porte des chemises très déliées, qu'il a un très grand soin de bien cacher. Il ne dit point : *Ma haire et ma discipline*, au contraire ; il passerait pour ce qu'il est, pour un hypocrite, et il veut passer pour ce qu'il n'est pas, pour un homme dévot : il est vrai qu'il fait en sorte que l'on croit, sans qu'il le dise, qu'il porte une haire et qu'il se donne la discipline. Il y a quelques livres répandus dans sa chambre indifféremment, ouvrez-les : c'est le *Combat spirituel*, *le Chrétien intérieur*, et *l'Année sainte* ; d'autres livres sont sous la clef. S'il marche par la ville, et qu'il découvre de loin un homme devant qui il est nécessaire qu'il soit dévot, les yeux baissés, la démarche lente et modeste, l'air recueilli lui sont familliers : il joue son rôle. S'il entre dans une église, il observe d'abord de qui il peut être vu ; et selon la découverte qu'il vient de faire, il se met à genoux et prie, ou il ne songe ni à se mettre à genoux ni à prier. Arrive-t-il vers lui un homme de bien et d'autorité qui le verra et peut l'entendre, non seulement il prie, mais il médite, il pousse des élans et des soupirs ; si l'homme de bien se retire, celui-ci, qui le voit partir, s'apaise et ne souffle pas. Il entre une autre fois dans un lieu saint, perce la foule, choisit un endroit pour se recueillir, et où tout le monde voit qu'il s'humilie : s'il entend des courtisans qui parlent, qui rient, et qui sont à la chapelle avec moins de silence que dans l'antichambre, il fait plus de bruit qu'eux pour les faire taire ; il reprend sa méditation, qui est toujours la comparaison qu'il fait de ces personnes avec lui-même, et où il trouve son compte. Il évite une église déserte et solitaire, où il pourrait entendre deux messes de suite, le sermon, vêpres et complies, tout cela entre Dieu et lui, et sans que personne lui en sût gré : il aime la paroisse, il fréquente les temples où se fait un grand concours ; on n'y manque point son coup, on y est vu. Il choisit deux ou trois jours dans toute l'année, où à propos de rien il jeûne ou fait abstinence ; mais à la fin de l'hiver il tousse, il a une mauvaise poitrine, il a des vapeurs, il a eu la fièvre : il se fait prier, presser, quereller pour rompre le carême dès son commencement, et il en vient là par complaisance. Si Onuphre est nommé arbitre dans une querelle de parents ou dans un procès de famille, il est pour les plus forts, je veux dire pour les plus riches, et il ne se persuade point que celui ou celle qui a beaucoup de bien puisse avoir tort. »

La Bruyère, *Les Caractères.*

Questions

1. Quels sont les traits qui définissent l'hypocrite ? Montrez l'importance des apparences.

2. Peut-on comparer l'attitude de Pathelin à celle de l'hypocrite ?

Les trompeurs trompés

Ils sont légion dans tous les genres littéraires. Mais certains sont peut-être plus représentatifs que d'autres, ainsi dès le Moyen Âge, le célèbre Renart.

LE ROMAN DE RENART, XIIe SIÈCLE

Animal qui fait l'homme, Renart est le modèle du trompeur trompé. C'est un artiste de la ruse et pourtant il lui arrive de tomber sur plus fort que lui. Le chat Tibert, qui ne fait en cela que l'imiter, prend un malin plaisir à lui jouer un mauvais tour. S'associant à Renart pour combattre le loup Ysengrin, l'ennemi juré de ce dernier, voici comment il se joue de lui.

« Renart en était là de ses lamentations quand il aperçoit dans un chemin Tibert le chat qui s'amuse tout seul en jouant avec sa queue et en faisant de grands sauts. Au beau milieu d'une culbute, le chat aperçoit Renart qui l'observe, et il le reconnaît à son poil roux.

"Seigneur, dit-il, soyez le bienvenu !"

Renart répond méchamment : "Tibert, moi je ne vous salue pas. Je vous conseille de ne pas m'approcher, car je serai heureux de vous taper dessus, si j'en ai l'occasion."

Tibert comprend qu'il a intérêt à se taire, car Renart est en colère. Il se tourne donc vers lui et lui déclare, tout simplement et sans tapage : "Vraiment, je suis triste de vous voir en colère contre moi." Renart n'était pas très en forme à cause de la faim et de la fatigue éprouvées. Tibert était, lui, frais et dispos. Il avait les moustaches blanches, les dents petites et coupantes et les griffes acérées, prêtes à servir. Je suis certain que si Renart voulait l'attaquer, il ne se laisserait pas faire[1]. Mais Renart ne veut pas s'en prendre à lui, car il a la peau lacérée en plus d'un endroit. Il change donc de discours :

1. Tibert n'est pas un chat domestique, mais un chat sauvage.

"Tibert, j'ai déclaré une guerre terrible et acharnée à mon compère Ysengrin. J'ai donc engagé beaucoup de soldats, et je voudrais vous prier de rester à ma solde, car j'ai l'intention, avant que ne soit signée la paix entre nous, de lui causer bien des dommages."

Cette proposition met Tibert en joie. Il se retourne vers Renart : "Tenez, dit-il, je vous promets de ne jamais vous faire défaut et de combattre le seigneur Ysengrin d'autant plus volontiers qu'il m'a nui en paroles et en actes."

Décidément, Renart l'a tellement amadoué que tous deux sont tombés d'accord. Ils échangent leurs paroles. Mais Renart le mauvais ne cesse pas pour autant de haïr Tibert, et songe à la manière de le trahir. Il y met tous ses soins. C'est alors qu'il aperçoit près de l'ornière, entre le bois et le chemin, un piège fait d'un morceau de chêne fendu et placé là par un paysan. Il est assez malin pour l'éviter, mais il n'aura de cesse d'y attirer Tibert, pour lui faire passer un mauvais quart d'heure. Il dit en riant : "Tibert, je vous apprécie parce que vous êtes valeureux et fringant et que vous avez une monture très rapide. Montrez-moi comment elle sait courir sur ce sentier poudreux. Allez-y, la route est égale et belle."

Tibert le chat en est tout excité, et ce diable de Renart veut lui faire faire une folie. Tibert se prépare à éperonner, court et trotte jusqu'au piège. Mais là, il s'aperçoit que Renart cherche à l'y faire tomber. Alors, en ne faisant mine de rien, il recule d'un demi-pied et évite le morceau de bois. Renart, qui l'observe, lui dit : "Vous trichez ! Vous galopez de travers !" Et comme Tibert s'est un peu éloigné : "C'est à refaire ! Éperonnez encore et menez votre cheval un peu plus droit !

— Volontiers ! Dites-moi comment !

— Comment ? Il n'a qu'à ne pas dévier ni sortir du chemin !"

Tibert laisse courir son cheval à bride abattue, jusqu'à ce qu'il voie le piège : cette fois, il ne dévie pas, mais saute par-dessus. Renart, qui l'a vu faire, comprend bien que le chat a tout saisi, et qu'il sera impossible de le tromper. Il réfléchit : que lui dirat-il ? Comment le rouler ? Il s'approche, et lui jette méchamment, comme un défi :

“Tibert, je vous le dis franchement : votre cheval ne vaut rien. Vous ne le vendrez pas cher, car il est ombrageux et fait des écarts.”

Devant cette accusation, le chat se justifie énergiquement. Il accélère l'allure et se livre à plusieurs autres essais. C'est juste à ce moment que surviennent deux mâtins. Ils aperçoivent Renart et se mettent à aboyer, semant ainsi la panique chez nos deux compères. Renart et Tibert s'enfuient par le sentier, se bousculant mtuellement, jusqu'au piège. Renart l'aperçoit, croit l'éviter, mais, serré par Tibert qui le pousse du bras gauche, il met le pied droit dedans. La clef saute et, comme l'engin marche parfaitement, les mâchoires se referment et emprisonnent le pied du goupil. Ce dernier est au supplice ! Beau cadeau que Tibert lui a fait là ! Il l'a précipité dans un piège, où on va le rouer de coups. Quel mauvais compagnon que ce chat qui manque à sa parole ! Renart reste donc prisonnier, tandis que Tibert s'en va, en lui criant à plein gosier : “Renart, Renart, vous allez demeurer ici, mais moi j'ai peur et je m'en vais. Seigneur Renart, le chat n'est pas né de la dernière pluie, et votre manœuvre n'aura servi à rien. Vous allez dormir ici. À malin, malin et demi.” »

Le Roman de Renart (choix de textes), traduction et édition établies et commentées par Élisabeth CHARBONNIER, Paris, Le Livre de Poche, coll. « Nouvelle approche », 1987.

QUESTIONS

1. Comment les deux animaux sont-ils humanisés ?

2. En quoi les deux protagonistes se ressemblent-ils ? Montrez que Tibert n'est pas un faible et qu'il est de taille à s'opposer au goupil. Peut-on dire, de la même manière, que Pathelin et Thibaut l'Agnelet sont à la hauteur l'un de l'autre ?

3. Après avoir rappelé ce qui explique le comportement de Pathelin et celui de Thibaut l'Agnelet, montrez les motivations de Renart et de Tibert. Pourquoi la tonalité* du récit est-elle bien différente de celle de la farce ?

LA FONTAINE, « LA GRENOUILLE ET LE RAT », 1668

Avec le genre de la fable, La Fontaine aborde de manière originale une série de thèmes variés qui lui permettent de peindre avec justesse et précision la nature humaine. En campant des bêtes des bois et des champs qu'il travestit, selon la loi du genre, en êtres humains, il expose et dénonce les faiblesses et les vices de l'homme. Voici le thème du trompeur trompé.

« La Grenouille et le Rat

Tel, comme dit Merlin, cuide[1] engeigner[2] autrui,
Qui souvent s'engeigne soi-même.
J'ai regret que ce mot soit trop vieux aujourd'hui :
Il m'a toujours semblé d'une énergie extrême.
Mais afin d'en venir au dessein que j'ai pris,
Un rat plein d'embonpoint, gras et des mieux nourris,
Et qui ne connaissait l'Avent ni le Carême[3],
Sur le bord d'un marais égayait ses esprits.
Une grenouille approche, et lui dit en sa langue :
"Venez me voir chez moi, je vous ferai festin."
Messire rat promit soudain :
Il n'était pas besoin de plus longue harangue.
Elle allégua pourtant les délices du bain,
La curiosité, le plaisir du voyage,
Cent raretés à voir le long du marécage :
Un jour il conterait à ses petits-enfants
Les beautés de ces lieux, les mœurs des habitants,
Et le gouvernement de la chose publique
Aquatique.

1. **Cuide :** croit.
2. **Engeigner :** tromper.
3. Période du calendrier religieux où l'on doit s'abstenir de certaines nourritures.

Un point sans plus tenait le galant empêché :
Il nageait quelque peu ; mais il fallait de l'aide.
La grenouille à cela trouve un très bon remède :
Le rat fut à son pied par la patte attaché ;
Un brin de jonc en fit l'affaire.
Dans le marais entrés, notre bonne commère
S'efforce de tirer son hôte au fond de l'eau,
Contre le droit des gens, contre la foi jurée ;
Prétend qu'elle en fera gorge chaude[1] et curée ;
(C'était à son avis un excellent morceau.)
Déjà dans son esprit la galande le croque.
Il atteste les dieux ; la perfide s'en moque.
Il résiste ; elle tire. En ce combat nouveau,
Un milan qui dans l'air planait, faisait la ronde,
Voit d'en haut le pauvret se débattant sur l'onde.
Il fond dessus, l'enlève, et, par même moyen,
La grenouille et le lien.
Tout en fut ; tant et si bien
Que de cette double proie
L'oiseau se donne au cœur joie,
Ayant de cette façon
À souper chair et poisson.
La ruse la mieux ourdie
Peut nuire à son inventeur,
Et souvent la perfidie
Retourne sur son auteur. »

Jean de La Fontaine, « La grenouille et le rat », *Fables*, livre IV, 11.

1. Chair chaude du gibier, qu'on abandonne aux faucons.

QUESTIONS

1. Étudiez la composition de la fable en dégageant les différentes étapes de l'histoire.
2. Quelle est l'utilité de la morale formulée à la fin de l'histoire ? Pourrait-elle s'appliquer à *La Farce de maître Pathelin* ? Pourquoi ?

QUESTIONS D'ENSEMBLE

1. À travers ces textes de genres différents, quel portrait type du trompeur peut-on dresser ? Énumérez les caractéristiques du trompeur.
2. En quoi chaque genre de texte apporte-t-il un éclairage particulier sur le trompeur ?

LECTURES DE *LA FARCE DE MAÎTRE PATHELIN*

TRADUCTION ET SUITES

Le succès de *La Farce de maître Pathelin* fut immédiat, à tel point qu'il a donné lieu à des suites et même, au tout début du XVIe siècle, à une adaptation en vers latins, *Veterator* (« Le Vieux Malin »).

Peut-être dès la fin du XVe siècle, en tout cas au début du XVIe siècle, la farce trouve une suite avec *Le Nouveau Pathelin,* qui met en scène une nouvelle duperie du héros. Mais les personnages sont différents : un pelletier, c'est-à-dire un marchand de fourrures, se substitue au drapier, tandis qu'intervient un nouveau venu, sous les traits d'un curé. L'intrigue s'en trouve modifiée, mais, en se jouant des deux personnages, Pathelin reste maître de la ruse : il fait croire au pelletier que la fourrure qu'il achète est destinée au curé et affirme à celui-ci que le marchand veut se confesser, ce qui entraîne un quiproquo cocasse.

Une autre continuation, *Le Testament de Pathelin*, montre Pathelin sur le point de mourir, faisant un testament plus que fantaisiste et une confession délirante.

L'ACCUEIL DE LA FARCE

D'emblée, *La Farce de maître Pathelin* a été remarquablement bien reçue. Ce succès est visible par les traces que la pièce laisse dans la langue française, sous la forme d'expressions ou de mots restés célèbres. En 1470, le terme « patheliner », dérivé de « Pathelin » entre dans la langue, au sens d'« agir avec hypocrisie » ; encore aujourd'hui, le terme « patelin », utilisé comme adjectif, signifie « doux et hypocrite ». Certaines répliques sont passées à la postérité, comme proverbes ou expressions imagées :

c'est le cas du fameux « revenons à nos moutons », c'est-à-dire « revenons à notre sujet », « ne nous égarons pas ».

La pièce a bénéficié d'une grande faveur auprès des libraires et des lecteurs. Elle figure en bonne place dans la liste des œuvres citées par le libraire de *La Farce du vendeur de livres* (aux environs de 1520), qui passe dans la rue pour vendre ses livres. Elle est aussi présente dans les bibliothèques d'éminents personnages et de riches particuliers : le catalogue de la bibliothèque de François Ier, par exemple, établi en 1518, comprend, parmi ses livres en français, *La Farce de maître Pathelin.*

Au XVIe siècle, la farce reste fort connue et appréciée par des auteurs importants. L'écrivain Rabelais parsème ainsi son œuvre d'allusions et de références à Pathelin qu'il connaissait à l'évidence très bien et appréciait beaucoup. L'épisode des moutons, qui met aux prises Panurge avec le marchand Dindenault dans le *Quart Livre*, trouve sa source dans *La Farce de maître Pathelin.*

Pourtant, au XVIIe et au XVIIIe siècle, *La Farce* intéresse moins, comme en témoigne la rareté des éditions. Il est vrai qu'avec Molière la comédie a connu un essor considérable et remplace avantageusement la farce aux yeux du public. Mais la pièce médiévale est toujours bien connue des auteurs cultivés : non seulement de Molière, qui s'en inspire dans certaines de ses comédies, mais aussi de La Fontaine, qui introduit Thibaut l'Agnelet dans une de ses fables, « Le Loup et ses bergers ». Voyant des bergers déguster un agneau cuit à la broche, le loup dit :

« Thibaut l'Agnelet passera
Sans qu'à la broche je le mette,
Et non seulement lui, mais la mère qu'il tette,
Et le père qui l'engendra. »

C'est au XIXe siècle, au moment où le Moyen Âge est à la mode, que la pièce connaît un regain de succès avec de nouvelles éditions et adaptations, notamment celle de François Génin en 1854 qui affirmait dans sa préface, comme le rappelle Michel Rousse : « C'est de cette farce qu'est sortie la gloire réelle du théâtre français : la comédie ». L'historien Jules Michelet est même allé jusqu'à en faire l'œuvre majeure du XVe siècle.

Au XXe siècle, elle intéresse toujours vivement la critique, pour qui elle demeure une pièce complexe et énigmatique. Tous ceux qui l'étudient soulignent sa richesse inépuisable : certains s'interrogent sur sa place dans le genre de la farce ; d'autres sur ses recherches et ses trouvailles en matière de langue ; d'autres encore sur le regard qu'elle permet sur l'époque ; d'autres enfin sur la peinture ambiguë des personnages, au premier rang desquels figure Pathelin.

LA FARCE DE MAÎTRE PATHELIN MISE EN SCÈNE

Dès le Moyen Âge, la pièce, conçue pour la scène, a été maintes et maintes fois jouée, d'autant plus que le genre de la farce était en pleine effervescence. Mais elle a connu un succès plus durable que bien d'autres farces : par son sujet, par la mise en scène de personnages complexes, par l'absence des grosses ficelles propres au genre, elle a pu séduire un public large et divers.

Aux XVIIe et XVIIIe siècles, le moyen français n'étant plus parfaitement compris, la pièce a dû être « traduite » pour être jouée et adaptée en fonction des goûts et des attentes de l'auditoire. Une adaptation réalisée par David Augustin de Brueys pour Louis XIV, intitulée *L'Avocat Pathelin*, a eu un immense succès et est même restée au répertoire de la Comédie-Française jusqu'en 1859 ; toutefois, comme elle faisait appel à de nouveaux personnages et à une intrigue sensiblement différente qui s'achevait par des mariages en série, elle s'écartait de l'original et se rapprochait davantage d'une comédie classique.

Au XIXe siècle, où le Moyen Âge suscite un vif intérêt pour ses créations artistiques, son histoire et sa littérature, *La Farce de maître Pathelin* est toujours jouée. La version de Bruey donne lieu à de nouvelles adaptations, en allemand et en français, et inspire même un opéra-comique en 1856.

Au XXe siècle, la tendance est de revenir au texte original, comme le fait Roger Allard en 1922. En 1931, Gustave Cohen traduit la pièce le plus fidèlement possible et la fait jouer par ses étudiants, en tentant de recréer l'atmosphère du Moyen Âge ; d'autres adaptateurs et metteurs en scène auront le même projet qu'ils mèneront à bien, parfois de manières différentes. Comme le rappelle Jean Dufournet dans son édition récente, certains tirent la pièce du côté de la farce – comme Jacques Copeau et Roger Allard en 1922 ou Léon Chancerel en 1938 – d'autres du côté de la commedia dell'arte – comme R. G. Davis en 1968 du côté du cirque –, d'autres encore comme G. Paro en 1959, ou Jacques Bellay en 1970 qui fait jouer la pièce dans une atmosphère de foire avec sketches, maquillages très marqués et fantaisie sans limites... La même année que Jacques Bellay, Jacques Guimet donne pour sa part une version opposée de la pièce : il souligne son côté sombre et en fait une critique du fonctionnement politique et social de la société marchande d'alors. D'autres choisissent en revanche de faire de la pièce une comédie, comme Denis d'Inès en 1941 ou Pierre Orma en 1968. On le voit, les interprétations de la pièce sont diverses et personnelles.

Aujourd'hui encore, bien qu'elle n'ait guère la faveur de nombreux théâtres, qui lui préfèrent les comédies classiques, elle plaît toujours à tous les publics : soit elle est prise pour un pur divertissement et une source de rire inépuisable, soit elle prête à des réflexions plus approfondies sur l'homme, la société et le langage. *La Farce de maître Pathelin* demeure ainsi une œuvre à la signification incertaine, au même titre que les histoires de géants de Rabelais, dont le sens sérieux, masqué par le rire, échappe toujours au lecteur qui croit s'en saisir.

LIRE

Choix de textes et traductions modernes

La Farce de maître Pathelin, texte traduit et établi par J. DUFOURNET, Paris, Garnier-Flammarion, 1986.

La Farce de maître Pathelin, texte traduit et établi par M. ROUSSE, Paris, Gallimard, « Folio classique », 1999.

Choix d'ouvrages sur la farce et le théâtre médiéval

J.-C. AUBAILLY, *Le Théâtre médiéval profane et comique*, Paris, Larousse, 1975.

R. LEBÈGUE, « Le Théâtre comique en France de Pathelin à Mélite », Paris, *Connaissance des lettres*, 62, 1972.

C. MAZOUER, *Le Théâtre français du Moyen Âge*, Paris, SEDES, 1998.

B. REY-FLAUD, « La Farce ou la machine à rire. Théorie d'un genre dramatique, 1450-1550 », Genève, Droz, *Publications romanes et françaises*, CLXVII, 1984.

Choix d'ouvrages sur Pathelin

J. DUFOURNET et M. ROUSSE, *Sur la Farce de maître Pierre Pathelin*, Paris, Champion, Unichamp, 13, 1986.

R.T. HOLBROOK, *Étude sur Pathelin. Essai de bibliographie et d'interprétation*, Baltimore et Paris, Champion, 1917.

D. MADDOX, *Semiotics of Deceit : the Pathelin Era*, Londres-Ontario, 1984.

Choix d'articles sur Pathelin

J.-P. BORDIER, « Pathelin, Renart, Trubert, badins, décepteurs », *Le Moyen Âge*, 98, 1992, p. 71-84.

R. DRAGONETTI, « Les travestissements du langage et la folie du drap dans *La Farce de maître Pathelin* », *Masques et déguisements dans la littérature médiévale*, sous la direction de M.-L. Ollier, Paris-Montréal, Vrin-Presses de l'université de Montréal, 1988, pp. 261-276.

J. DUFOURNET, « L'argent dans *La Farce de maître Pathelin* », *Michigan Romance Studies*, 8, 1989, p. 179-201.

J.-C. PAYEN, « La farce et l'idéologie : le cas de *Maître Pathelin* », *Le Moyen Français*, 8-9, 1981, p. 7-25.

M. ROUSSE, « *Pathelin* est notre première comédie », *Mélanges de langue et littérature médiévales offerts à Pierre Le Gentil*, Paris, 1973, p. 753-758.

LES MOTS DE *LA FARCE DE MAÎTRE PATHELIN*

Les monnaies

Blanc : petite pièce de monnaie en métal blanc de peu de valeur qui valait le cinquième de l'écu, soit environ cinq deniers.

Denier : petite monnaie. Un denier égale deux mailles.

Écu (écu d'or à la couronne) : monnaie forte équivalant à trois cents deniers.

Maille : la plus petite monnaie.

Sou parisis : monnaie de la valeur d'un denier qui avait cours à Paris et dans le reste de l'Île-de-France.

Les unités de mesure

Aune : unité de longueur à peu près égale à 1,20 m.

Toise : unité de longueur valant près de 2 mètres.

La justice

Absoudre : renvoyer de l'accusation, c'est-à-dire relever (un coupable) d'une faute (dont il ne sera pas puni).

Assigner : convoquer, appeler à comparaître.

Audience (de relevé) : séance du tribunal qui a lieu après le repas principal (que l'on prenait vers dix heures du matin) et qui se prolongeait dans l'après-midi.

Cause : affaire plaidée lors d'un procès.

Défendeur : celui qui est poursuivi et qui se défend devant un tribunal.

Demandeur : celui qui porte plainte et intente un procès.

Huissier : officier ministériel chargé de porter les messages de la justice à la connaissance des parties et de mettre à exécution les décisions de la justice. C'est aussi celui qui annonce le tribunal et appelle les affaires à l'audience.

Juridiction : institution dont le rôle est de rendre la justice.

Partie : personne qui participe à un procès. Défendeur et demandeur sont les parties adverses dans un procès.

Procès : affaire soumise par les parties adverses à une juridiction.

Siéger : tenir une audience.

LES TERMES DE CRITIQUE

Acte : chacune des grandes divisions d'une pièce de théâtre, elles-mêmes subdivisées en scènes.

Allitération : répétition des mêmes consonnes (exemple à donner).

Caricature : description qui accentue certains traits pour s'en moquer.

Chanson de geste : récit épique composé de suites de vers destinées à être interprétées, relatant les exploits de héros ; la plus ancienne est *La Chanson de Roland*.

Champ lexical : ensemble des mots concernant un thème commun ; par exemple, l'argent ou la justice dans la pièce.

Comédie : Aux origines, le mot désignait toute pièce de théâtre. Depuis le XVIe siècle, il caractérise une pièce de théâtre qui a pour objet de faire rire en montrant les défauts et les travers des hommes ou d'une société. Le comique, dont le principe est de faire rire, [illegible]oppose au tragique.

[illegible]ouement : manière de termi[illegible] [illegible]une action et de résoudre [illegible]igue.

[illegible]lecte : variété d'une langue pratiquée par un groupe humain. Au Moyen Âge, il y a un certain nombre de dialectes romans français : le picard, l'anglo-normand, le dialecte parlé en Île-de-France (c'est celui qui est employé dans la pièce)...

Didascalies : indications scéniques fournies par l'auteur en dehors du dialogue. Elles portent sur le décor, sur la tonalité d'une réplique ou encore sur un geste. La pièce en comporte très peu.

Dispositif scénique : tout ce qui concerne la mise en scène, en particulier le décor.

Exposition : début de la pièce, dans lequel l'auteur présente au spectateur les personnages de l'action et les faits qui ont préparé cette action.

Interlocuteur : personnage qui prend la parole et parle avec quelqu'un d'autre. Le dialogue comporte plusieurs interlocuteurs.

Intrigue : les événements et les situations qui forment le nœud d'une pièce de théâtre.

Ironie : manière de se moquer en disant le contraire de ce qu'on veut faire entendre.

Jargon : tout langage particulier à un petit groupe humain (par exemple : jargon de métier).

Mise en scène : organisation et direction de la représentation (choix des décors, places, gestes et mouvements des acteurs, costumes, etc.). Elle est dirigée par le **metteur en scène**.

Monologue : discours dans lequel le personnage, seul en scène, se parle à lui-même, devant le spectateur, qui entend et connaît ainsi ses pensées.

Narrateur : celui qui raconte.

Niveau de langue : manière de s'exprimer dépendant du niveau social et culturel de celui ou celle qui parle. On en dénombre habituellement trois : le niveau soutenu ou littéraire, qui correspond à une manière recherchée de parler ; le niveau courant, qui convient à tout le monde et à toutes les situations ; le niveau familier, qui comprend notamment des jurons et des termes « grossiers ».

Onomatopée : mot formé à l'imitation d'un bruit (*ah*, *plouf*).

Parodie : imitation sur le mode de la moquerie. Pathelin se moque du discours de l'agonisant en l'imitant.

Profane : qui n'a pas de lien avec la religion.

Protagoniste : personnage de premier plan.

Quiproquo : malentendu qui fait qu'on prend une personne, une action ou une parole pour une autre. Il joue un rôle très important dans la farce.

Registres : tonalités différentes que l'on peut trouver dans un texte. On parle aussi de niveaux de langue.

Réplique : les paroles d'un acteur quand celui qui parle avant lui a fini de s'exprimer.

Rimes : mots placés à la fin des vers dont les finales ont les mêmes sonorités (« Guillemette » / « mette »...).

Roman : le mot désigne d'abord au Moyen Âge la langue romane, par opposition au latin. Puis il prendra peu à peu le sens de « récit » et de « récit de fiction ».

Satire : écrit ou discours qui s'attaque à quelqu'un ou à quelque chose, en s'en moquant.

Sens figuré : sens dérivé par l[illegible] transfert d'une image concrète [illegible] une relation abstraite.

Sens propre : sens littéral.

Tonalité : caractère particu[illegible] d'une langue, d'un discours.

POUR MIEUX EXPLOITER LES QUESTIONNAIRES

Ce tableau fournit la liste des rubriques utilisées dans les questionnaires, avec les renvois aux pages correspondantes, de façon à permettre des **études d'ensemble** sur tel ou tel de ces aspects (par exemple dans le cadre de la lecture suivie).

RUBRIQUES	PAGES		
	Acte I	Acte II	Acte III
[illegible]MATURGIE	20, 28, 33, 34	39, 43, 45, 53, 55, 56	59, 63, 71, 7[illegible], 77, 78, 79
[illegible]E EN SCÈNE		39, 45 55, 56	71
PERSONNAGES	20, 33, 34	39, 43, 45, 53, 55, 56	59, 63, 71, 73, 77, 78, 79
REGISTRES ET TONALITÉS	20, 28, 33, 34	39, 43, 45, 53, 56	59, 63, 71, 77, 78, 79
SOCIÉTÉ	20, 28, 34	43, 53	59, 63, 71, 73, 78, 79
[illegible]TRATÉGIES	28		

TABLE DES MATIÈRES

La Farce de maître Pathelin en images 2

REGARDS SUR L'ŒUVRE

Lire aujourd'hui

La Farce de maître Pathelin ....

Repères ....

LA FARCE DE MAÎTRE PATHELIN

Les personnages ....

Acte I ....

Acte II ....

Acte III ....

L'UNIVERS DE L'ŒUVRE

Le texte et ses images 82

Au temps de *La Farce de maître Pathelin*

Le théâtre médiéval et sa diversité 85

e œuvre de son temps ?

La ville est un spectacle 90

mes et langages

ne farce au service du rire 99

ucture de *La Farce de maître Pathelin* 110

emes 112

tres textes

parole dans tous ses états 122

spectacle du trompeur 132

ctures de *La Farce de maître Pathelin* 140

NNEXES

ire 144

es mots de *La Farce de maître Pathelin* 146

termes de critique 147

r mieux exploiter les questionnaires 149

COUVERTURE : Pierre Balten (1525-1598), *La Foire paysanne*, peinture sur bois. (Musée [illegible] théâtre d'Amsterdam)

CRÉDITS PHOTO :
Couverture : Ph. © Institut néérlandais du théâtre – Archives Labor – p. 2 : Ph. Coll. Ar[illegible] Larbor – p. 3 : Ph. Coll. Archives Larbor – p. 4 : Ph. © Bernand – p. 5 ht : Ph. © Bern[illegible] p. 5 bas : Ph. © Bernand – p. 6 : Ph. © Bernand – p. 7 : Ph. © Bernand – p. 8 : Ph [illegible] Archives Larbor – p. 13 : Ph. © Archives Larbor – p. 14 : Ph. © Archives Larbor – p. [illegible] Ph. Coll. Archives Larbor.

Direction éditoriale : Pascale Magni – *Coordination et édition* : Franck Henry – *Révision* [illegible] *textes* : Jean-Jacques Carreras – *Iconographie* : Christine Varin – *Maquette intérieure* : Josiane Sayaphoum – *Fabrication* : Jean-Philippe Dore – *Compogravure* : PPC.

 – ISBN : 978-2-04-730436-5

Imprimé en France par France Quercy – N° de projet : 10183609 – Dépôt légal : novembre 2011
Dépôt légal 1re éd. : juillet 2003